맥시마이즈
Maximize

맥시마이즈

지은이 | 홍성호
초판 발행 | 2023. 8. 30
등록번호 | 제1988-000080호
등록된 곳 | 서울특별시 용산구 서빙고로65길 38
발행처 | 사단법인 두란노서원
영업부 | 2078-3352   FAX | 080-749-3705
출판부 | 2078-3331

책 값은 뒤표지에 있습니다.
ISBN 978-89-531-4541-2   03230

독자의 의견을 기다립니다.
tpress@duranno.com   http://www.duranno.com

두란노서원은 바울 사도가 3차 전도여행 때 에베소에서 성령 받은 제자들을 따로 세워 하나님의 말씀으로 양육하
던 장소입니다. 사도행전 19장 8-20절의 정신에 따라 첫째 목회자를 돕는 사역과 평신도를 훈련시키는 사역, 둘째
세계선교(TIM)와 문서선교(단행본·잡지) 사역, 셋째 예수문화 및 경배와 찬양 사역, 그리고 가정·상담 사역 등을
감당하고 있습니다. 1980년 12월 22일에 창립된 두란노서원은 주님 오실 때까지 이 사역들을 계속할 것입니다.

맥시마이즈

크리스천 코칭과 리더십

홍성호 지음

Maximize

두란노

차례

PART 1

관
계

—
리더의
핵심 자질과
도전

Q 타인의 수용과 동반 능력을 어떻게 높이는가?

PART 2

언
어

—
삶을
바꾸는
언어와
소통

Q 리더의 언어는 무엇이 다른가?

추천의 글

크리스천 리더십 분야에서 독보적 위치를 차지할 책

《맥시마이즈》는 크리스천 리더십 분야에서 독보적인 위치를 차지하게 될 책입니다. 이 책은 리더들의 잠재력과 가능성을 극대화하는 코칭 이론의 측면에서 분석하여 개개인이 적용 가능하도록 이해하기 쉽게 설명했습니다. 교회, 직장, 가정 등 모든 영역에서 적용하도록 검증된 다양한 리더십 모델을 토대로 하여 신뢰가 갑니다. 하나님이 각자에게 부여하신 잠재력과 핵심 자질을 이 모델들에 비추어 분석해 볼 수 있도록 다양한 예시도 곁들였습니다. 크리스천이 삶에 적용할 수 있도록 리더십 이론에 성경 말씀들을 연결하여 깊은 통찰력을 안겨 주니 생수와 같은 기쁨을 느낄 수 있을 것입니다. 이 책을 통하여 주변에 영향력을 발휘하는 모든 분들이 자신의 리더십을 성찰하고 그 역량과 가능성을 극대화하는 축복을 누리게 될 줄 믿습니다.

이재훈_온누리교회 담임목사, 한동대학교 이사장

탁월한 리더로 성장하게 하는 네 가지 급소

변동성, 불확실성, 복잡성, 모호함으로 대표되는 뷰카(VUCA) 시대를 살아가고 있는 현대인들에게는 진정한 리더십이 필요합니다. 인성과 사회성과 영성을 지니고, 강력한 미래 지향성과 동반자에게 맞는 창의적인 맞춤형의 코칭을 할 수 있는 리더십입니다. 크리스천이 된다는 것은 리더십의 삶을 산다는 뜻이기도 합니다.

저자는 "안개처럼 사라질 인생에서 전능하신 하나님의 사랑받는 상속자로 영원히 거듭나는 것, 이것이 크리스천의 놀라운 축복이고 리더의 출발점이다. 거듭난 리더가 가정과 교회, 일터의 실생활에서 선한 영향력을 미치는 탁월한 리더로 성장하려면 리더십의 네 가지 급소(vital point), 즉 관계와 언어, 전략과 성과를 하나님의 은혜 안에서 최대한 활성화해야 한다"라고 말하며, 각각의 비법을 전하고 있습니다. 이 시대 진정한 크리스천으로 살기를 원하는 모든 분들에게 권하고 싶습니다.

김성묵_두란노아버지학교 이사장

누구나 적용할 수 있는 리더십 실용서

저자 홍성호 교수는 '코칭'(coaching)이라는 도구를 활용하여 리더십을 맥시마이즈(maximize)할 수 있도록 리더들을 격려하며 돕기 위해 이 책을 썼습니다. 특히 리더십의 네 가지 급소, 즉 관계와 언어, 전략과 성과를 다루고 있습니다. 이미 수많은 리더십 도서들이 있지만, 이 책의 독특성은 리더십을 향상시키는 구체적인 방법과 모델을 제시하고 있어 누구나 쉽게 적용할 수 있는 리더십 실용서라는 것입니다. 또한 이 책은 현실에 안주하거나 굴복하지 않고 목표를 세우고 끊임없이 도전하며 변혁과 성숙을 이루어 가는 크리스천 리더의 삶을 성경을 통해 제시하고 있습니다. 저자와 함께 리더십을 가르치는 동료로서 출간을 축하하며 리더십 변혁을 바라는 모든 이들에게 이 책을 적극 추천합니다.

이장로_한국리더십학교 명예교장

리더십 이론을 기독교적 가치관으로 재해석하다

이 책은 코칭과 리더십에 관한 전문적인 지식을 소개하고 있습니다. 이론적인 바탕이 탄탄해서 설득력이 있고, 저자의 사례를 비롯하여 다양한 예시를 구체적으로 보여 주어서 이 분야를 모르는 크리스천들도 이해하기 쉽습니다. 이 책의 강점은 교회, 가정, 직장에서 리더십을 발휘하기 위해 알아야 할 경영학적 지식을 크리스천 버전으로 재구성했다는 점입니다. 우리가 닮아가야 할 리더이신 예수님을 비롯한 여러 성경 인물을 통해 하나님이 각자에게 부여하신 잠재력을 극대화하도록 하는 리더십 이론들을 기독교적 가치관으로 재해석한 것이 놀랍습니다. 이 주제에 관심이 있는 비신자들에게 선물해도 좋을 것 같습니다.

방선기_직장사역연구소 대표, 전 이랜드그룹 사목

크리스천 리더십의 정수

리더십은 '중요한 것'이 아니라 '모든 것'이라는 말이 있습니다. 그만큼 온전한 리더십에 대한 갈망도 큰 것 같습니다. 《맥시마이즈》는 하나님의 말씀과 저자의 실제 경험을 담아서 크리스천 리더십의 정수를 드러내고 있습니다. 저는 특히, 2부 '삶을 바꾸는 언어와 소통'에 주목했습니다. "직장 생활에서 내면의 언어가 '네가 죽어야 내가 사는 전쟁' 대신에 '더 나은 기록을 추구하는 도전'으로 바뀌자 적개심과 분노의 감정이 신선한 긴장감으로 변화했다"는 대목에는 크리스천 리더십의 핵심 메시지가 담겨 있는 것 같습니다. 언어는 인격이고, 리더의 신앙 인격은 구성원들의 역량을 '맥시마이즈'할 수 있다고 믿기 때문입니다.

이인용_삼성전자 상근 고문

맥시마이즈
Maximize

머리말

안개 인생에서 상속자 리더로

하나님을 아버지로 부르는 기적

우리가 잘 아는 예수님의 이야기 중에 가나 혼인 잔치에서 물로 포도주를 만드신 기적이 있다. 물이 포도주로 변한 것 자체가 놀라운 일인데, 더군다나 잔치가 끝날 즈음이었기에 그저 평범한 포도주를 내어도 되었을 터인데, 예수님은 굳이 연회장이 "사람마다 먼저 좋은 포도주를 내고 취한 후에 낮은 것을 내거늘 그대는 지금까지 좋은 포도주를 두었도다"(요 2:10) 하고 감탄할 정도로 최상의 포도주를 내어 주셨다. 영어 성경(NIV)은 "좋은 포도주"를 "the best"로 번역했다.

이처럼 최고의 순간을 위해 남겨 두는 최상의 것(the best)을

12맥시마이즈

추구하는 것이 코칭(coaching)이다. 그중에서도 크리스천 코칭 (Christian coaching)은 예수님이 우리를 위해 예비하신 가능성을 최고 수준까지 맥시마이즈(maximize)하는 것, 즉 극대화하는 것이다.

당신 인생의 최고 변곡점은 언제인가? 내게는 25년 전 41세 나이에 성령 세례를 받고 하나님을 나의 아버지로 고백했던 시점이 바로 그것이다. 명료한 이성을 직업의 밑천으로 삼는 교수인 내가 세속적인 세상에서 초월적 존재이신 하나님을 아버지로 부른 것은 지금도 스스로에게 기적과 같은 일이다.

바울은 "하나님이 그 아들의 영을 우리 마음 가운데 보내사 아빠 아버지라 부르게"(갈 4:6) 하시고, 우리를 "하나님으로 말미암아 유업을 받을"(갈 4:7) 상속자로 삼으셨다고 말한다. 50년 전 16세 나이에 예수님을 구주로 믿고 하나님의 피조물임을 고백했지만, 그때의 감격은 금방 사라지고 크리스천이라고 할 수 없는 삶을 무려 41세까지 살았다. 이 시기에 나는 나름 노력했고 성취도 얻었지만, 내 삶은 죄와 허물로 얼룩져 있었고, 그야말로 "잠깐 보이다가 없어지는 안개"(약 4:14)와도 같은 인생을 살았다.

하나님은 예수님을 믿는 자들에게 영 죽을 죄인의 상태에서 구원을 주시고, 그들로 하여금 영원한 생명을 얻게 하셨다. 이것만 해도 엄청난 일인데, 하나님은 이에 그치지 않고 전능하신 창조주 하나님의 상속자라는 최상의 신분까지도 얻게 하셨다. 전능하신 하나님의 사랑받는 상속자, 이보다 더 높고 존귀한 신분을 나는 알지 못한다.

어느덧 교회의 장로가 되어 직분자들을 대상으로 리더십 강의를 할 때마다 하나님 아버지를 부르며 기도한다. 교회와 가정과 일터에서 리더의 삶을 산다는 것은 제아무리 똑똑하고 훌륭한 사람일지라도 하나님을 의지하지 않고는 불가능한 일이기 때문이다. 하나님 아버지를 부르며 간구할 때, 간구의 내용이 무엇이든지 간에 우리는 안개와 같은 인생에서 하나님의 상속자로 거듭났음을 깨닫고, 새로운 인도를 받으며 리더로서 새로운 걸음을 내딛게 된다.

리더와 리더십의 정의

리더십(leadership)은 어느덧 기업이나 정부 등 특정한 조직에서뿐 아니라 일상적으로도 많이 쓰는 용어가 되었다. 그런데 "리더십이란 무엇이고, 리더는 어떤 사람인가?"라고 물으면 쉽게 답하기가 어렵다. 그러므로 본격적인 이야기를 하기에 앞서 리더와 리더십의 정의를 알아볼 필요가 있다. 이 정의를 바탕으로 현재 우리 자신의 리더십 상황을 비추어 볼 수 있고, 또한 앞으로 변화할 리더로서의 미래를 그려 볼 수 있다.

국립국어원에서 편찬한 《표준국어대사전》은 리더십을 '무리를 다스리거나 이끌어 가는 지도자로서의 능력'으로 소개하며, 리더는 '조직이나 단체 따위에서 전체를 이끌어 가는 위치에 있는 사람'으로 정의하고 있다. 그런데 사전적 정의는 시대가 바뀌면 달라지기 마련이다. 리더와 리더십의 정의 또한 변화하는 추세다.

그것을 잘 보여 주는 자료 중 하나가 국민대학교 경영학부 백기복 교수가 2020년에 발표한 "누가 리더가 될 권리를 갖는가?: 새로운 리더 분류 기준을 제시하며"(Who has the right to become a Leader?: Presenting a New Category of Leaders)라는 논문이다.[1] 이 논문은 기존의 리더십 연구가 리더를 공식적으로 선출되거나 임명된 사람으로 가정하며 리더십을 '상사-부하'의 관계 속에서만 바라보고 있다는 비판적인 관점에서 새로운 리더의 유형을 제시하고 있다.

백기복 교수는 승인의 주체가 자기인지 타인인지, 그리고 승인 형태가 공식적인지 비공식적인지에 따라 네 가지 유형의 리더를 제시한다.

---

1 백기복, "누가 리더가 될 권리를 갖는가?: 새로운 리더 분류 기준을 제시하며", 《리더십 연구》, 제11권 2호, 리더십학회, 2020.

첫째 유형은 자기 자신이 공식적으로 리더가 되는 경우로 절대왕정 시절의 왕이나 군주와 같은 리더다. 둘째 유형은 자기 스스로가 비공식적으로 리더가 되는 챌린저 유형인데, 이런 유형의 리더들은 기회주의적인 속성을 가진다. 셋째 유형은 선출이나 지명을 통해 타인으로부터 공식적으로 인정된 리더인데, 이들은 임기라는 시간에 제한받거나 뽑아 준 사람들에게 종속된다. 마지막 넷째 유형은 타인에 의해 비공식적으로 인정받는 유형의 리더다. 이들은 사람들과의 상호 작용 과정에서 리더로 인정받는다. 따라서 임기의 제한이 없고, 사람들에게 종속될 의무가 없다.

백 교수는 넷째 유형이야말로 진정한 리더라고 말한다. 첫째 유형이 전통적인 의미의 리더로서 무리의 위에서 군림한다면, 새롭게 등장한 넷째 유형의 리더는 무리의 중심에 서 있다는 차이가 있다.

예수님의 경우를 이에 비추어 보자. 예수님은 사전적인 의미에서도 무리를 다스리는 권세를 가지신 리더요 논문에서 언급된 넷째 유형, 즉 무리의 자발적인 인정과 추종을 받는 진정한 리더이시기도 하다. 그런데 예수님은 이에 더하여 리더십의 더욱 깊은 본질을 우리에게 보여 주신다.

리더란 어떤 사람인가?

"예수께서 그들 가운데로 지나서 가시니라"(눅 4:30).

(But he walked right through the crowd and went on his way, NIV).

예수님은 앞서 살펴본 사전적 정의의 리더처럼 무리를 다스리거나 논문에서 언급된 진정한 리더처럼 무리의 중심에 서는 데 머물지 않으시고, 무리를 지나 '자기 길'(his way)을 가셨다는 것이 중요하다. 여기서 "가시니라"라는 동사는 성경 원문에서 미완료 과거 시제로 쓰였다. 즉 한 번 지나가 버리고 만 것이 아니라 계속 이동하셨다는 것이다.

리더란 어떤 사람인가? 예수님처럼 자기 길을 계속해서 가는 자다. 다른 말로 하면, 목적지가 있는 사람이다. 이것을 알기 쉽게 설명하기 위해, 나는 야구 경기에서 베이스에 출루한 주자들의 예를 든다. 1루에 진출한 주자는 1루 베이스에 붙어만 있으면 아웃되지 않고, 절대적으로 안전하다. 그런데 기회만 되면, 위험을 무릅쓰고 1루를 떠나 2루를 향해 움직인다. 이러한 움직임을 영어로 리드(lead)라 표현한다.

리드는 방향성을 가진 동사다. 1루 주자는 2루라는 목표가 있는 리더이기에 모든 위험을 감수하고서라도 안전한 1루를 떠나는 것이다. 2루 다음에는 3루가 있다. 그다음은 홈이다.

1루 주자는 목적지인 홈을 향해 전진해 나아간다. 중요한 것은 리더에게는 목표가 있고, 이를 거쳐 도달해야 할 목적지가 있다는 것이다.

당신은 리더의 자격을 갖추었는가? 리더에 합당한가? 걱정하지 말라. 가진 것이 없고, 갖춘 것이 없어도 목적지가 분명하다면, 당신은 훌륭한 리더가 될 잠재력을 갖춘 셈이다. 베이스를 안전하게 지키는 데 너무 애쓰지 말자. 베이스란 어차피 기회가 되면 떠나야만 할 곳이다. 인생살이에 돈은 필요하지만 지나치게 얽매이지는 말자. 금궤를 어깨에 메고 2루로 달려가려면 얼마나 피곤하겠는가?

가정과 교회와 일터에서 성장하는 크리스천 리더가 되려면 안개 인생의 허망한 습성에서 벗어나 하나님의 사랑받는 상속자라는 정체성이 주는 기쁨을 마음 가득 채우라. 그리고 안전한 1루를 배짱 있게 떠나 2루를 향해 전속력으로 달리는 주자처럼, 구태의연한 옛 생각은 벗어던지고 홀가분하게 리더의 길을 떠나자.

리더의 급소와 실행 모델

나는 안개 인생에서 하나님의 상속자 리더로 거듭난 동료 크리스천들을 코칭이라는 도구를 활용하여 위로하고, 그들이 새롭게 도약할 수 있도록 격려하며 돕고자 이 책을 썼다.

크리스천 리더는 실제 삶의 현장에서 어떻게 성장하는가? 자동차에 비유해 보자. 자동차의 성능은 근본적으로 엔진에서 나온다. 그러나 엔진이 좋다고 저절로 좋은 차가 되는 것은 아니다. 엔진에서 출력된 힘이 바퀴로 연결되어 도로 위를 달리기까지는 여러 단계를 거쳐야 한다. 그중 하나라도 잘못되면, 자동차는 주저앉고 만다.

이와 마찬가지로 크리스천 리더의 능력은 마음 가운데 임재하시는 성령 하나님에게서 나온다. 그러나 이 능력이 현실에서 실제로 발휘되기까지는 몇 단계의 고비를 거쳐야 한다. 그중 하나라도 잘못되면 자동차가 주저앉듯이 리더십이 심대한 타격을 받는데, 나는 이것을 리더의 급소(vital point)라고 부른다.

급소란 잘못되면 치명상을 입는 요소이지만, 반대로 잘 조절하면 현상 유지를 넘어 크게 성장할 수 있는 요소가 된다. 그런 점에서 급소는 활력소이기도 하다. 리더의 급소는 '관계, 언어, 전략, 성과' 네 가지로 나눌 수 있다.

이 책은 리더의 네 개 급소를 중심으로 다음과 같이 구성하였다.

PART 1 관계 리더의 핵심 자질과 도전

Q 타인의 수용과 동반 능력을 어떻게 높이는가?

PART 2 언어 삶을 바꾸는 언어와 소통

Q 리더의 언어는 무엇이 다른가?

PART 3 전략 끝없는 혁신과 리더의 정체성

Q 변화하는 세계를 어떻게 리드하는가?

PART 4 성과 목표를 통해 현실을 보라

Q 상황을 넘어서는 탁월한 성과는 어떻게 창출되는가?

각 부는 주제와 관련한 질문(Q)으로 시작하는데, 질문이 곧 핵심이라고 할 수 있다. 질문에서 출발하여 급소를 활성화하는 실행 모델을 제시하고자 한다. 실행 모델은 주어진 상황을 성장의 기회로 삼아 하나님이 원하시는 성품과 열매를 극대화하는 발판과도 같은 것이다. 그러므로 각 질문을 출발점으로 하여 이 책의 내용을 잘 적용해 본 독자는 결국 이보다 더 좋은 책을 저술할 수 있을 것으로 기대한다.

각 장의 실행 모델은 상당 기간 축적되어 온 국제 코칭의 많은 사례를 통해 검증된 것이며, 나 자신이 실제로 대학, 교회, 기업 등의 강의에서 코칭에 활용하여 적용 효과를 확인한 것이다. 네 개 급소 중 '성과'를 다룬 책은 이미 국내에 많이 번역 출간되어 있지만, 앞의 세 개 급소의 실행 모델이 담긴 책은 거의 소개된 적이 없으므로 독자들이 쉽게 이해하고 적용할 수 있도록 가급적 단순하게 설명하고자 했다.

다만 네 가지 실행 모델은 예시로 소개할 뿐이며 절대적으로 따라야 하는 것은 아니다. 건축할 때, 콘크리트 구조물이 굳으면 제거해야 하는 거푸집처럼 실행 모델 또한 하나의 도구에 지나지 않기 때문이다. 중요한 것은 독자 자신의 리더십 변화와 발전이다. 이 책에서 제시하는 실행 모델을 활용하여 좋은 변화가 일어난다면, 그것으로 만족하며 더 나은 모델이 있다면 그것을 택하여 활용하는 것이 좋겠다.

속절없이 빠르게 변화하는 세상에서는 살아남는 것만도 버거운 일이다. 그만큼 현실은 어렵다. 그러나 당신이 크리스천이라면, 예수님은 항상 당신에게 최고(the best)의 것을 예비하고 계심을 잊지 말아야 한다.

PART 1

리더의
핵심 자질과
도전

Q

타인의 수용과 동반 능력을
어떻게 높이는가?

1
핵심 자질 사각형 모델

크리스천이 리더로 성장하여 교회와 사회에서 크고 작은 그룹을 섬길 때 부딪히게 되는 어려움은 무엇일까? 정도의 차이는 있겠지만, 일차적인 어려움은 처음 보는 사람을 외모로 판단하는 데서 오는 편견의 오류, 즉 편애다.

상대방이 어느 학교를 나왔는지, 혹시 나와 같은 고향인지, 어떤 집안에 생활 형편은 어느 수준인지 등의 다양한 요소로 인해 자신도 모르게 상대를 가깝거나 멀게 느끼는 것이다. 겉으로 잘 드러내지는 않지만, 시간이 지나면서 첫인상이 더욱 강화되어 주관성이 개입된 편협한 관계로 굳어지기도 한다. 리더의 편협한 관계 형성은 신뢰를 훼손하게 되어 리더십을 제한하는 심각한 장애로 작용할 수 있다.

오직 하나님만이 편애가 없으시다. 하나님은 온갖 것을 그 쓰임에 맞게 지으셨고(잠 16:4), 지으신 모든 것에 긍휼을 베푸신다(시 145:9). 우리는 모든 이를 공정하게 대하려고 나름대로 애쓰지만 쉽지 않은 일이다. 차라리 편애가 생길 수밖에 없음을 인정하고, 이를 적극적으로 극복할 방법을 찾는 것이 더 현실적이고 현명한 길이다. 그런 면에서 코칭은 리더가 택할 수 있는 최적화된 관계 방식의 하나다.

코칭은 기본적으로 만나는 상대방을 잠재적인 동반 파트너로 생각하고, 앞으로 변화할 가능성이 있는 존재로 본다는 특징이 있다. 따라서 리더가 코칭의 관점을 가지면 누구를 만나든지 사사롭게 대할 가능성이 대폭 줄어들고, 타인을 있는 그대로 수용하며 일정 기간 동반할 자세를 갖추게 된다. 즉 대인관계의 수용성과 동반 능력이 높아지는 것이다.

각양각색의 사람을 코칭의 관점으로 안정적으로 대할 수 있다는 것은 리더에게 커다란 발전 요소다. 단순히 편협한 대인관계의 위험을 피하는 데 그치는 것이 아니라 새롭게 도약할 수 있는 기반을 갖추는 것이기 때문이다. 다음에 소개하는 핵심 자질 사각형 모델(Core Qualities Quadrant)[1]은 관계의 수용성

---

1 Daniel Ofman, *Core Qualities: A Gateway to Human Resources*, Scriptum, 2004. 다니엘 오브만의 핵심 자질 사각형 모델(Core Qualities and the Core Quadrant)의 'quadrant' 는 보통 '사분면'이나 '사분위'로 번역되지만, 여기에서는 시각적으로 쉽게 이해되도록 '사각형'이라는 표현을 쓰고자 한다.

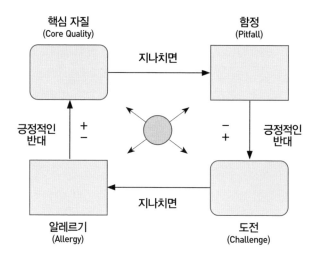

핵심 자질 사각형 모델

핵심 자질
(Core Quality)

함정
(Pitfall)

지나치면

긍정적인
반대

+
−

−
+

긍정적인
반대

지나치면

알레르기
(Allergy)

도전
(Challenge)

과 동반 능력 향상을 통해 리더에게 새로운 도약을 가능하게
하는 발판과도 같다.

핵심 자질 사각형 모델은 네덜란드의 유명 경영 코치 다니
엘 오브만(Daniel Ofman)이 처음 제시했다. 이 모델을 소개한
그의 책은 전형적인 강소국(強小國)인 네덜란드에서 10만 부
이상 팔렸다.

위 도표를 보면, 네 개 요소가 놓여 있고, 이것들은 각각 서
로 영향을 주고받는다. 왼쪽 위에서부터 시계 방향으로 각 요
소를 살펴보자. 첫째, 핵심 자질(Core Quality), 둘째, 함정(Pit-
fall), 셋째, 도전(Challenge), 마지막으로 알레르기(Allergy)가 있
다. 개인별로 적용할 때, 제일 먼저 채워야 할 것은 바로 핵심

자질이다.

핵심 자질이란 무엇인가? 이것은 핵심 역량(core competency)과 비교하면 이해하기가 쉽다. 역량이란 어떤 일을 할 수 있는 기술과 지식과 경험의 총체를 뜻한다. 예를 들어서, 자동차를 운전하거나 비행기를 조종하려면 관련 기술과 지식뿐 아니라 훈련 경험이 필요한데, 이것이 역량이다. 그런데 자질은 역량과 달리 각 사람 속에 이미 내재되어 있다. 즉 역량이 배워서 습득한 것이라면 자질은 타고난 것이다. 어떤 일을 할 때, 자신도 모르게 강력하게 작동하여 잘해 내게끔 하는 것이 곧 자질이다. 그러므로 자질은 드러나게 마련이다.

이해를 돕기 위해서 핵심 자질 사각형 모델을 적용한 두 가지 사례를 소개하고자 한다. 하나는 나 자신의 사례이고, 또 다른 하나는 훌륭한 리더들에게서 많이 볼 수 있는 사례다. 내 사례부터 먼저 소개하겠다. 나는 이 모델을 내 리더십에 적용한 후에 큰 변화를 경험했다. 즉 핵심 자질 사각형 모델을 알게 되면서부터 나의 대인 관계가 근본적으로 바뀐 것이다. 여러분도 나처럼 좋은 변화를 경험하길 기대한다.

나는 벨기에 브뤼셀에서 열린 다니엘 오브만의 워크숍에 참가하여 핵심 자질 사각형 모델을 직접 적용해 보았다.

당시 워크숍에서 핵심 자질이라는 용어를 처음 들은 나는 나의 핵심 자질이 무엇인지 아무리 생각해도 알 수가 없었다.

빈칸을 채우지 못한 채 앉아 있던 나에게 진행자가 다가와 이렇게 물었다.

"당신이 지금까지 살아오면서 자신이 노력한 것에 비해서 과분하다 싶을 정도의 큰 칭찬과 인정을 다른 사람들로부터 받은 일들이 있지요? 그것이 어떤 일들인가요?"

잠시 생각한 후에 외국어로 박사 논문을 쓰고 좋은 평가를 받아 교수까지 되었노라고 대답했다. 그랬더니 "거기에 사용된 것이 바로 핵심 자질입니다"라고 말해 주었다. 그렇다면 논문을 쓰려면 오래도록 깊이 생각해야 하므로 나의 핵심 자질은 '신중성'이라는 생각이 들어서, 진행자에게 "나의 경우는 신중성 같은데, 이것도 핵심 자질이 맞나요?" 하고 물었다. 돌아온 대답은 "훌륭한 자질입니다!"였다.

일단 첫째 칸에 신중성을 기록하고 나자 그다음은 비교적 쉽게 진행되었다. 신중성은 좋은 것이지만, 지나치면 '함정'에 빠지게 되는데, 이것은 핵심 자질이 지나치면 생기는 위험 요소를 뜻한다. 내 경우에는 '지체'가 바로 그것이다. 마치 버스가 떠난 뒤에 손을 흔드는 것과 같은 실기(失機)의 위험이 실제로 내게 상존한다. 지나치게 신중한 탓에 겪게 되는 위험이다.

그렇다면 나의 핵심 자질을 지키면서도 함정을 피하는 길은 없을까? 그것은 왼쪽 아래에 있는 알레르기와 관계있다. 알레르기란 내게 특별한 해가 되지 않아도 그냥 싫은 유형을 가리킨다. 이것 또한 그때 처음 접한 개념인데, 곰곰이 생각해 보니 나는 경박한 사람들을 싫어한다는 사실을 깨달았다. 예컨대 나는 개그 프로그램 같은 것을 무척 싫어한다. 과연 신중성의 반대는 '경박성'이다.

다음은 그때 작성한 표다.

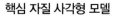

핵심 자질 사각형 모델

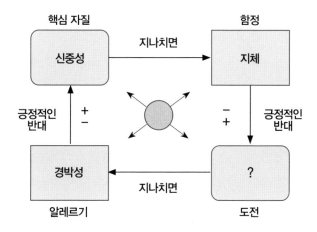

이제 마지막으로 질문해 보자. 내가 싫어하는 경박한 사람들에게 있는 핵심 자질은 무엇일까? 그것은 바로 민첩성이다. 민첩성이 없다면, 익살스러운 개그를 하지 못할 것이다. 오른쪽 아래에 있는 도전의 빈칸에 필요한 것은 바로 '민첩성'이다. 도전은 내가 지체라는 함정에 빠지지 않도록 보완해야

맥시마이즈

할 행동 모델을 가리킨다. 즉 내가 본능적으로 싫어해 온 경박한 사람들을 인정하고, 그들에게서 민첩성을 배울 때 나의 타인에 대한 수용성은 대폭 높아지고, 나의 핵심 자질인 신중성에 민첩성이 더해져 자기 주도성과 동반 능력 또한 강력해진다는 것이다. 이것을 깨달은 이후로 나는 예전에는 '저 사람은 왜 저렇게 경박할까?' 하며 피하던 사람들을 오히려 반갑게 맞이한다.

탁월한 리더들의 핵심 자질

다음 도표(32쪽)는 탁월한 리더로 꼽히는 사람들에게서 다수 발견되는 사례다.

그들의 핵심 자질은 대개 '결단력'이다. 결단력은 힘들이지 않고 의사 결정을 할 수 있는 훌륭한 자질이다. 의사 결정에는 책임이 뒤따른다. 필요한 결정을 제때 하지 않으면, 그 자체로 위험해지는 경우가 많기에 큰 조직을 이끄는 리더일수록 결단력이 핵심 자질로 꼽히는 것은 자연스러운 일이다.

그러나 결단력은 좋은 것이지만, 지나치면 관계에 있어서 '강제적'인 압박을 주게 마련이고, 그럼으로써 관계가 깨지기 쉽다. 그럴 때는 어떻게 해야 할까? 이전에는 본능적으로 싫

핵심 자질 사각형 모델

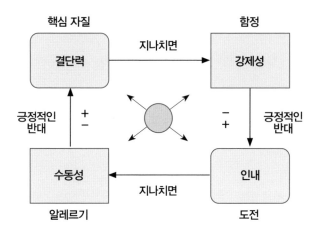

핵심 자질   함정

결단력 ——지나치면——▶ 강제성

긍정적인 반대   +／−   −／+   긍정적인 반대

수동성 ◀——지나치면—— 인내

알레르기   도전

어했을 알레르기 관계에 있는 '수동적'인 사람들을 가까이하고, 그들에게서 '인내'를 도전받아 배워야 한다. 결과적으로 수동적인 사람들과의 관계에서 큰 수용성을 얻게 되고, 핵심 자질인 결단력에 인내를 보완하여 탁월한 자기 주도성과 동반 능력을 갖추게 된다.

당신의 핵심 자질은 무엇인가?

이제 여러분의 차례다. 당신이 지금까지 많은 칭찬과 인정을 받고, 실제로 자기 삶에 크게 이바지했던 일은 무엇인가? 거기에 사용된 핵심 자질은 무엇인가? 핵심 자질을 먼저 적고, 앞의 두 사례에서 보았듯이 그에 상응하는 함정과 알레르기와 도전 거리가 무엇인지 생각하여 빈칸에 써 보자.

핵심 자질 사각형 모델

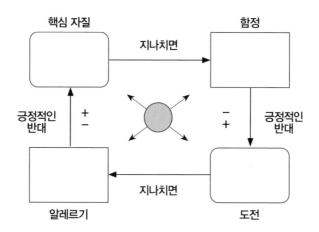

네 칸을 모두 채워 보았는가? 채우기가 쉽지 않을 수도 있다. 그러나 단번에 떠오르지 않더라도 계속 생각하는 것이 중요하다. 내 안에 귀한 보석과도 같은 핵심 자질이 내장되어 있다는 것, 내가 부지불식간에 싫어하던 바로 그 사람에게도 핵심 자질이 있으며 그것이 바로 만나면 알레르기를 일으킬 듯 싫어했던 사람에게서 배울 점임을 생각하는 일 자체가 타인에 대한 나의 수용성을 넓히는 동시에 주도성과 동반 능력을 높이는 의미 있는 작업인 것이다.

2
창의적인 도전으로 파트너십을 이루라

가정, 교회, 일터 등은 각각 조직의 성격이 다르지만, 리더에게 요청하는 한 가지는 동일하다. 사람들이 따르고 싶은 본이 되라는 것이다. 참 어려운 일이다. 그러나 리더는 핵심 자질 사각형 모델의 적용과 실행을 통해 창의와 도전의 파트너십으로 자기 자신도 힘을 얻을 뿐만 아니라 좋은 영향력과 활력을 주는 본이 될 수 있다.

리더는 자신의 핵심 자질을 앎으로써 자긍심을 갖게 되는 동시에 핵심 자질이 지나치면 언제든지 함정에 빠질 수 있다는 사실도 알게 되어 겸손해진다. 겉모양의 겸손이 아니라 진심으로 그렇다는 것이다. 또한 알레르기 관계의 사람을 인정하고 그를 통해 배우고 도전받는 것은 모험이지만, 경험해 보지 않은 것을 시도함으로써 창의적 긴장감을 느끼게 된다.

한 언론사의 부탁을 받아 신문에 게재한 칼럼을 계기로 학부모 강연회에 초청받아 간 적이 있다. 주로 청소년 자녀를 둔 어머니들이었는데, 큰 강당을 가득 메운 분들이 내 강의를 어떻게 들었는지 궁금하여 강연회를 마친 후에 질문을 받겠다고 했다. 밖에까지 줄을 서서 기다리던 많은 분의 말을 들으면서 자녀의 진로에 관한 걱정과 교육열에 공감하면서도 다소 지나치지 않은가 하는 생각이 들었다.

그들의 핵심 자질 사각형 모델을 적용한다면, 다음과 같을 것이다.

핵심 자질 사각형 모델

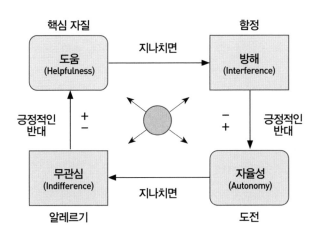

맥시마이즈

자녀를 위하는 부모의 간절한 마음은 '도움'이라는 핵심 자질로 표현될 것이다. 도움은 좋은 것이지만, 이것이 지나쳐 함정에 빠지면 오히려 자녀는 부모의 도움을 '방해'나 간섭으로 여길 수 있다. 실제로 이와 관련하여 질문하지도 못한 채 눈물을 터뜨리는 분도 있었다. 자녀를 위해 많은 것을 포기하고 최선을 다해 도왔는데, 자녀가 자기와 대화조차 거부한다는 것이다. 그날도 어떻게 하면 탁월한 학업 성취를 이루고 미래를 잘 준비할 수 있는가에 대한 비결을 배워 자녀에게 전해 주고자 강연회에 참석했는데, 보나 마나 자신과의 대화를 거부할 것이라는 생각에 서글픈 생각이 든다고 했다.

이럴 때 부모는 자녀와의 관계에서 리더인 만큼 먼저 스스로 변화해야 한다. 자신의 알레르기 관계인 '무관심'한 사람의 핵심 자질인 독립심을 배움으로써 '자율성'을 확보하는 것에 도전해야 자녀가 활력을 얻고, 본인도 변화되어 자녀와 동반할 기회를 얻을 수 있다.

핵심 자질의 내용은 매우 다양하다. 예를 들어, 유연성과 용기는 둘 다 소중한 자질이지만, 역시 지나치면 변덕과 무모함이라는 함정에 빠지게 된다. 중요한 것은 핵심 자질이 그동안 이루어 온 성취의 핵심 요인이기에 일단 함정에 빠지면 스스로는 벗어날 수 없다는 점이다. 특히 일터에서 높은 직급의 리더십일수록 함정에 빠질 가능성이 높고, 실제로 그런 사례가 많다. 승진할수록 친밀감을 느낄 동료가 줄어들어 외로운 처지가 되기 때문이다.

우리나라는 위계질서를 강조하는 기존의 수직적 조직 문화를 시대 변화에 따라 수평적 조직 문화로 바꾸려고 부단히 노력하는 중이다. 직위 단계를 줄이고, 단순화하는 일에서부터 직급 대신 이름에 '님'을 붙여서 부르기 등 많은 것을 시도하고 있다. 이것도 어느 정도 효과가 있지만, 근본적으로는 조직 문화의 중심에 창의적 긴장감을 불어넣는 것이 중요하다.

상명하복의 문화가 지나치게 강한 조직의 도전 방향을 살펴보자.

핵심 자질 사각형 모델

'리더에 충성'하는 조직 문화가 그 조직에 성취를 가져다준 핵심 자질이라면, 앞의 도표(38쪽)에서 보듯이 '굴종'의 함정에 빠지지 않도록 '건설적 비판'을 장려하는 도전 방향으로 나아가야 한다. 이 일을 누가 하겠는가? 리더가 앞장서야 조직이 창의적 긴장 속에서 활성화되고, 구성원들도 리더와 파트너십을 느끼며 능동적으로 책임 있게 일할 수 있다.

이와 반대로 상호 합의가 핵심 자질인 조직이라면, 급격한 상황 변화에 부딪혔을 때 의사소통만 활발할 뿐 합의에 이르지 못해 실행이 어려워지는 무능이라는 함정에 빠지기 쉽다. 이 경우에는 구성원들이 오히려 권위를 존중하는 것에 도전하여 위계를 구축해 나가야 한다.

세 가지 반응: 방관, 투쟁, 치유

마지막으로 핵심 자질 사각형 모델의 적용과 관련한 사람들의 태도를 살펴보자. 다니엘 오브만은 자신의 경험을 통해 이 모델에 대한 사람들의 반응이 세 가지로 나뉜다고 말한다. 바로 '방관'과 '투쟁'과 '치유'다.

첫째, 방관은 당장 실행해야 할 것 같기는 한데 뭔가 복잡하고, 당장은 바쁜 일이 많으니 미루어 두고 그대로 지내는 것이다.

둘째, 투쟁은 무엇인가? 자신의 함정을 상대로 싸우는 것이다. 자신이 빠질 수 있는 함정이 무엇인지를 알고, 이것에 빠지지 않으려고 자신의 핵심 자질을 억제하는 것이다. 스스로에게 억제하라고 명령하는 투쟁을 선택한다면, 이는 비생산적인 결과를 낳는다. 핵심 자질이 '신중성'인 나의 경우를 예로 들면 함정인 '지체'에 빠지지 않기 위해서 나 자신에게 지나치게 생각하지 말라고 다그치는 것이다.

이런 식으로는 자신의 에너지가 자신을 대적하는 방향으로 작용한다. 즐거울 리가 없고, 효과적이지도 않다. 핵심 자질을 억제하려고 애를 쓰면 쓸수록 변화는 더욱 어려워진다. 목표가 '변화'라면 이는 반대의 귀결인 '정체'로 이어지는 것이다. 변화는 자신의 못마땅한 부분이라도 있는 그대로 받아들이는 것으로부터 시작된다.

셋째, 치유란 자신의 핵심 자질을 평소 행동 방식에 비추어 살펴보고, 자신의 함정에 빠지지 않으려고 애쓰기보다는, 알레르기 관계에서 배우기를 선택하며 적극적으로 도전하는 것이다. 핵심 자질과 도전의 창의적 긴장 안에서 함정과 알레르기는 가라앉고, 마침내 자아의 중심에서 문제가 해소된다. 이럴 때 치유가 일어나면서 중심에서 창의적 에너지가 솟아나게 된다.

맥시마이즈

크리스천의 관점에서 볼 때 핵심 자질 사각형 모델의 가장 큰 유익은 하나님이 어떤 일에 쓰시고자 할 때, 대인 관계 방식이 장애가 되지 않는다는 것이다. 알레르기 관계를 포함한 누구와의 협력도 가능하기 때문이다.

나의 핵심 자질은 신중성이다. 하나님이 잠잠히 있으라고 하실 때, 조용히 할 일만 하면 되는 상황을 즐기는 나를 발견한다. 그러다가도 하나님이 바람처럼 빠르고 민첩하게 행동하기를 원하시면, 과거에는 스트레스를 받았지만, 이제는 도전적인 자세로 신속하게 행동할 수 있게 됨으로써 사명을 감당하는 데 전혀 지장이 없음을 발견한다.

또한 이전에는 여러 가지를 따져 보고 꼭 필요한 제한된 범주의 사람들만 만나는 습관이 있었지만, 이제는 누구를 만나도 그 사람의 중심에 있는 핵심 자질에 먼저 관심을 가진다. 이런 변화로 남모르게 가지고 있던 낯가림이 사라지는 긍정적인 효과를 경험했고, 결과적으로 타인에 대한 수용성과 동반 능력이 눈에 띄게 향상된 것을 느낀다.

여러분도 핵심 자질 사각형 모델을 통해 대인관계의 실제적인 유익과 새로운 도약을 경험할 수 있다. 이를 위해 다음 성찰 과제 질문에 답하고, 행동에 옮겨 보도록 하자.

1. 나의 핵심 자질은 무엇인가?

2. 내가 알레르기를 느끼는 그 사람의 핵심 자질은 무엇인가?

3. 알레르기를 느끼는 사람과 가까운 시일 내에 관계를 개선할 방법
   은 무엇인가?

알레르기를 느끼는 그 사람에게서 자신이 배워야 할 것이 무엇
인가를 구체적으로 생각해 보라. 그리고 그에게 먼저 말을 걸
거나 인사를 하는 등의 작은 시도로 관계 개선을 시작해 보자.
머리로만 생각하는 것이 아니라 기록하고 행동에 옮기는 것
이 중요하다. 일단 시작하면 비행기에서 구름 위의 하늘을 보
듯이 대인관계의 장애물이 걷히고 시야가 확장되는 경험을 할
수 있다.

맥시마이즈

코칭의 정의와 인접 영역

앞서 우리는 코칭이란 최고의 순간을 위해 남겨 두는 최상의 것(the best)을 추구하는 것이며 크리스천 코칭은 예수님이 우리를 위해 예비하신 가능성을 최고 수준까지 맥시마이즈하는 것, 즉 극대화하는 것임을 배웠다. 이것은 세계적으로 가장 널리 확산되어 있는 코치들의 연합체인 국제코치연맹(International Coaching Federation, 이하 ICF)의 정의에 따른 것이다.

ICF의 코칭 정의를 자세히 살펴본 후에 크리스천 코칭은 무엇이 다른가를 비교해 보고, 발전 학습의 맥락에서 코칭의 인접 영역에는 어떤 것들이 있는가를 알아보고자 한다.

먼저 ICF는 코칭을 다음과 같이 정의한다.[2]

코칭이란 고객이 개인적이고 직업적인 영역에서 가능성(잠재력)을 극대화할 수 있도록 혁신적인 사고와 창조적인 프

---

2 https://coachingfederation.org/about

로세스 안에서 맺어지는 동반 과정이다.

The ICF defines coaching as partnering with clients in a thought-provoking and creative process that inspires them to maximize their personal and professional potential.

여기에서 가장 중요한 단어 세 개를 뽑아 연결하면, "Part-nering To Maximize Potential", 즉 "잠재력을 극대화하는 동반 과정"이라고 할 수 있다. 잠재력은 존재하지만, 눈에는 보이지 않는 것이다. 코칭은 보이지 않는 잠재력을 이끌어 내함께 극대화하는 과정이다. 그러므로 코칭에는 혁신적인 사고가 필요하며 그 과정은 창조적이다.

그렇다면 크리스천 코칭은 ICF의 정의와 무엇이 다른가? 사실 사용하는 스킬이나 프로세스는 크게 다르지 않다. 《크리스천 코칭》의 저자로 잘 알려진 게리 콜린스(Gary R. Collins)는 크리스천 코칭을 다음과 같이 정의한다.[3]

코칭은 한 개인이나 그룹을 현재 있는 지점에서 그들이 바라는 더 유능하고 만족스러운 지점까지 나아가도록 인도하는 기술이자 행위다.

---

3 게리 콜린스, 《크리스천 코칭》, 한국기독학생회출판부, 2004, p.21.

44   맥시마이즈

이것은 ICF가 정의한 것보다 코칭의 어원에 더 근접한 것이다. 원래 코치(coach)라는 용어는 유럽에서 귀족들을 원하는 곳까지 데려다주던 마차 콕시(kocsi)에서 유래한 것으로 알려졌다. 그런 면에서 크리스천 코칭은 일반 코칭과 별반 다를 바가 없다. 다만 기본 정의나 스킬은 같아도 코치 자신의 가치관이 결정적으로 다르다. 신앙에서 오는 평안과 기쁨이야말로 보이지 않는 잠재력의 근원이기 때문이다. 더욱 중요한 차이점은 잠재력의 극대화를 예수님이 우리를 위해 마련해 주신 가능성의 영역에서 찾는다는 점이고, 그 모든 극대화는 하나님의 은혜 안에서 이루어진다는 것을 믿는다는 것이다.

게리 콜린스의 책에서도 신앙생활에서 더 큰 평안과 기쁨을 발견할 수 있도록 도와주는 안내자를 인생 코치라고 했는데, 나는 이 표현을 사랑한다. 전능하신 하나님의 사랑받는 상속자라는 정체성을 통해 우리는 세상 어느 것으로도 대체할 수 없는 기쁨과 평안을 누릴 수 있다. 이 기쁨과 평안의 힘이야말로 평소에는 품기 어려웠던 사람들을 포용하게 하고, 그들과 협력하며 새로운 목적지로 나아가는 동반 능력의 원천이 된다.

마지막으로 코칭의 인접 영역에는 어떤 것들이 있는지 살펴보자. 다음 표는 코칭과 유사한 활동들을 비교한 것이다.

코칭 (coaching)	동반자의 미래를 위한 목표 달성과 그것을 위한 행동 계획이 중심 내용이다.
카운슬링 (counseling)	내담자의 좋지 않은 습관이나 문제행동의 개선이 중심 내용이다.
컨설팅 (consulting)	전문 지식을 가진 사람이 상담과 자문에 응해 상황을 분석하고, 해결책을 제시하는 것이다. 코칭이 상대적으로 사람(Who)에 주목한다면 컨설팅은 일(What)에 중점을 둔다.
멘토링 (mentoring)	멘토가 자신의 지식이나 경험을 통해 충고와 조언을 하며 지도하기 때문에 인격적인 모범을 보이는 것이 중요하다.
티칭 (teaching)	전통적으로 정보를 주거나 지식을 전달하는 개념이다.
트레이닝 (training)	특정한 목표와 일정한 과정을 통해 숙달되도록 단련시키는 것이다.

학교나 교회에서는 코칭보다 상담이나 멘토링이 활성화되어 왔고, 기업에서는 트레이닝이나 컨설팅이 광범위하게 이루어져 왔다. 그러나 전문가가 아닌 이상 일반적인 리더의 수

준에서는 두세 개 영역을 통합하여 활용하는 것도 좋은 방법이라고 생각한다. 특히 코칭은 다른 어떤 영역과 더불어 활용하기가 좋은데, 이는 코칭이 파트너 중심의 맞춤형 과정인 데다가 미래 지향성이 강하기 때문이다.

동반의 가장 좋은 결과는 있는 그대로의 자신을 받아들이는 것을 배우면서 창의적인 선택과 실행으로 이어지는 과정에서 빚어진다. 상황과 사람을 원망하던 처지에서 가능성의 영역을 확보하고 도전해 나아갈 때, 무력감은 사라지고 변화를 즐길 수 있게 된다. 사람의 변화는 느린 것 같으면서도 순식간에 다가올 수 있다. 코칭과 인접 영역의 대인 관계 활동들은 이 변화의 촉진제가 될 수 있다.

맥시마이즈

리더가 코칭의 관점을 가지면

타인을 향한 수용성과

동반 능력이 높아져

새롭게 도약할 수 있게 된다.

PART 2

삶을 바꾸는
언어와 소통

Q

리더의 언어는
무엇이 다른가?

1

언어와 존재 코칭 모델

주일이면 교회에서 예배드리면서 하나님의 은혜를 느끼다가도 주중에는 가정이나 일터에서 은혜와 무관한 일상을 사는 경우가 많다. 이렇게 이중적인 삶을 살다 보면, 한 주간의 일상과 주일의 교회 생활이 분리되기 마련이다. 그 결과, 어떤 고난이나 관계의 어려움이 닥치면 교회를 아예 떠나는 사람들이 적잖다.

믿음과 일상이 분리되면, 신앙생활이 의무처럼 여겨지고 무거운 짐이 된다. 필경에는 믿음은 흔적만 남고, 때로 양심에 가책을 느끼면서도 하나님과는 무관한 삶을 살게 된다. 그런 생활을 오래 해 본 당사자로서 누구보다도 그 괴로움을 잘 안다. 어떻게 하면 이런 이중적인 삶을 극복할 수 있을까? 어떻게 하면 상황과 관계없이 말씀과 행동이 일치하는 삶을 살 수 있을까? 어떻게 하면 교회, 가정, 일터에서 하나님의 상속자다운 삶을 살 수 있을까?

우선 안개 인생에서 하나님의 상속자로 신분을 바꾸는 것이 중요하다. 믿음의 기준에 맞춰서 행동 하나하나를 바꾸려면 율법적으로 판단하기 쉽고, 겉모양을 의식하게 되어 제풀에 지치기 십상이다. 그러나 내면의 언어를 바꾸면 존재 자체가 바뀌고, 자기도 모르는 사이에 행동과 삶이 자연스럽게 바뀌는 경험을 할 수 있다.

크리스천의 관점에서 혼돈의 상황을 효과적으로 돌파하기 위한 언어와 존재 코칭 모델을 함께 살펴보고자 한다.[1] 존재 코칭 모델(Ontological Coaching Model)은 페르난도 플로레스(Fernando Flores)가 미국 버클리 대학에 제출한 커뮤니케이션 박사 학위 논문을 바탕으로 앨런 실러(Alan Sieler)가 구성한 것이다.[2]

이 모델은 플로레스가 실리콘 밸리의 기업들을 대상으로 "언어의 힘"이라는 주제의 강의를 하면서 알려지게 되었고, 이후 국제적으로 확산되었다. 또 존재 코칭 모델은 큐티를 통

---

1 홍성호, "혼돈을 이기는 평안의 리더십", 〈온누리신문〉, 1320호, 2020. 11. 22.

2 Alan Sieler, *Coaching to the Human Soul: Ontological Coaching and Deep Change*, NewField Austrailia, 2005. 이 책 외에 플로레스의 존재 코칭 관점을 발전시킨 책으로 다음 책을 참고하면 좋다. James Flaherty, *Coaching : Evoking Excellence in Others*, Routledge, 2022.

해 날마다 성경 말씀을 대하는 크리스천의 관점에서는 친근한 모델일 수 있고, 손쉽게 활용할 수 있다.

전 세계가 코로나바이러스로 인하여 전례 없는 고통과 어려움을 겪었다. 상황은 나아졌지만, 불확실성의 짙은 안개가 개인과 조직, 각 나라의 정부에 이르기까지 모든 활동을 여전히 뒤덮고 있다. 우리 인생이 마치 안개와 같다는 성경 말씀이 절실하게 느껴지는 상황이다. 그렇다면 이처럼 안개로 뒤덮인 우리 삶의 일상을 어떻게 살아야 하는 것일까? 특히 크리스천 리더는 어떻게 이 혼돈스러운 상황을 대처하고 돌파해 나가야 하는가?

하나님은 믿는 자와 믿지 않는 자에게 공평하게 비와 눈을 내려 주신다. 해와 별도 모두에게 공평하게 비추신다. 마찬가지로 언어도 모든 사람에게 주어진다. 언어는 일상생활의 소통에 필수적일 뿐 아니라, 혼돈스러운 상황을 돌파하는 데 필요한 리더십의 강력한 힘을 제공한다.

내면에 어떤 언어를 품고 있는가

존재 코칭 모델은 1차 범주 학습과 2차 범주 학습으로 구성된다.

존재 코칭 모델

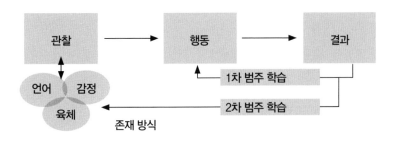

1차 범주 학습은 결과를 예측하고, 이에 필요한 행동을 추구하는 것이다. 예를 들어서, 금연 공익 광고 속 폐암에 걸린 흡연 환자의 모습을 떠올려 보자. 이 사진을 결과로 보여 주면, 이를 본 사람들은 금연이라는 행동 변화를 시도하게 된다. 또 다른 예로서 자기가 가길 원하는 대학의 캠퍼스를 먼저 둘러보는 고등학생들이 있다. 그럼으로써 희망 대학의 입학이라는 결과를 기대하고, 더 열심히 공부하는 행동을 하게 된다. 한편, 국가나 기업 등 조직의 리더십은 연말의 재정 상황을 결과로 예측하고, 연초에 정책을 변화하거나 보완하는 행동을 할 수 있다.

이렇듯이 결과에 초점을 맞춰서 행동 계획을 수립하는 1차 범주의 학습은 여러모로 유익하다. 그러나 이런 종류의 학습만 알고 있는 개인이나 조직은 불확실성이 심각해지는 상황에서는 결과를 예측하기가 어려우므로 불안에 빠지기가 쉽다. 때로는 아무 계획도 없이 흐름에 맡기는 것보다 오히려 더욱 큰 혼돈과 어려움에 부닥칠 위험성도 있다.

그에 비해 **2차 범주 학습**은 언어와 감정과 육체가 상호 작용하는 존재 방식을 스스로 관찰하고, 이를 선제적으로 변화시키는 것을 목표로 한다. 존재 코칭 모델은 언어에는 일상적인 소통에 사용되는 언어뿐만 아니라 인간 존재의 집을 이루는 언어가 있다는 점을 전제로 한다. 말씀이 육신이 되셨듯이 존재의 언어가 감정과 육체를 다스리고, 새로운 행동을 촉발케 하여 탁월한 결과에 이르도록 한다. 2차 범주 학습의 반복 실행을 통해 리더는 더욱 깊은 변화를 이루어 간다.

예를 들어, 직장에서 능력을 인정받고 조기 발탁되었으나 곧 한계에 봉착하여 혼돈을 겪는 리더가 있다. 어렵게 승진하여 새로운 직책을 맡고 보니 온갖 질시와 견제에 시달리게 된 것이다. 책임은 무거운데 관계는 어렵고 앞날이 보이지 않아 직장 생활을 더 이상 하기 어렵다고 판단하기에 이르렀다.

이때 자신의 존재 중심에 어떤 언어가 있는가를 관찰해 보니 '전쟁'이라는 단어가 새겨져 있음을 발견한다. 직장이 전쟁터 같고, 자신은 전사처럼 느껴졌다. 특히 회의 석상에서 전쟁이라는 내면의 언어가 분노와 적개심의 감정을 촉발했다.

가슴은 위축되고, 만성 통증까지 얻었다.

비로소 자신의 상황을 다시금 돌아보며 관찰하니 자신이 겪는 어려움은 승진에서 비롯된 것인 만큼 그가 선택할 언어는 '전쟁'보다는 '도전의 기회'라고 판단하게 되었다. 이에 따라 네가 죽어야 내가 사는 전쟁 대신에 더 나은 기록을 추구하는 높이뛰기 선수처럼 도전이라는 단어를 선택하여 마음에 새겼다. 내면의 언어가 전쟁에서 도전으로 바뀌자 적개심과 분노의 감정이 신선한 긴장감으로 변화했다. 이에 따라 참석하기조차 싫어하던 임원 회의에 10분 먼저 도착해 모든 참석자에게 인사하고, 기피 업무를 주도적으로 맡는 등 행동 변화가 일어났다.

중요한 것은 이것이 그의 내면에서부터 시작된 변화라는 점이다. 누가 강요한 것이 아니기에 남이 알아주건 말건 변화를 유지할 수 있었고, 당연하게도 관계 개선과 더 나은 성과로 이어졌다. 그 결과, 그는 위기를 돌파할 뿐 아니라 이전보다 훨씬 더 주도적인 삶을 살게 되었다. 이것은 교과서적인 실제 사례다. 결국, 존재 코칭의 핵심은 내면에 어떤 언어를 품느냐에 달렸다. 그 언어에 따라 존재 방식과 행동 방식이 바뀔 수 있다는 뜻이다.

예수님을 따르는 언어

사도 바울의 사례를 존재 코칭 모델에 비추어 생각해 보자. 우선 몸으로 보면, 바울은 중증 질환자다. 병명에 관해서는 여러 가지 설이 있으나, 이를 고쳐 달라고 여러 번 간구한 것을 보면 상당히 어려운 상황이었던 것은 분명하다.

그런데 그는 사람이 능히 할 수 없는 말을 하나님으로부터 듣고, 이 말로 인하여 큰 기쁨을 누리게 되었다. 그 결과, 그는 몸이 약한데도 오히려 담대해져서 온갖 어려움을 돌파하여 간절히 바라던 로마에 가게 된다. 나아가 그는 "몸으로 있든지 떠나든지 주를 기쁘시게 하는 자가 되기를"(고후 5:9) 최종 목표로 설정하기에 이른다. 육신의 처지나 상황을 완전히 넘어서는 전형적인 변혁과 돌파의 리더십이 된 것이다.

바울뿐 아니라 크리스천이라면 누구나 예수님의 말씀을 들을 수 있다. 들을 뿐만 아니라 마음에 새길 수 있다. 예수님은 "세상에서는 너희가 환난을 당하나 담대하라"(요 16:33)라고 말씀하신다. 그리고 "나의 평안을 너희에게 주노라"(요 14:27)라고 말씀하신다. 예수님은 만왕의 왕이시요 우리는 그의 평안을 받은 평강의 왕이다. 안개 인생의 초조함과 두려움을 벗고, 어떤 고난이나 혼돈스러운 상황에도 요동하지 않는 평강의 왕으로 변화하여 어려운 상황을 담대하게 헤쳐 나가야 한다.

사람들은 자기가 알지도 못하는 말을 하며 산다. 언어는 무의식의 차원에 있기 때문이다. 그런데 언어는 또한 행동으로 이어지므로, 결국 자기가 알지도 못하는 행동을 하는 셈이다. 우리 마음 가운데 "평강의 왕"(히 7:2) 되시는 예수님을 따르는 언어를 새겨 놓으면, 나도 모르게 그에 합당한 행동을 하게 된다. 이렇듯이 언어에서 비롯된 존재 혁신은 행동 방식의 혁신으로 이어져 확실히 더 나은 성과의 창출이 가능해지며, 상황이나 사람들에게 묶이지 않고 예수님을 닮아 가는 리더로서 성숙해지게 된다.

갑작스러운 고난과 혼돈은 코로나바이러스처럼 집단적으로 오기도 하지만, 개인이나 가정에도 언제든지 닥칠 수 있다. 지금은 소천하신 나의 선친은 9대 종손이자 공직자로서 가문의 기둥이며 자랑이셨다. 그러나 평생을 헌신한 군 생활을 마무리하는 마지막 지휘관 이임식은 지나온 날에 비하면 불안이 가득한 혼돈스러운 자리였다. 부모님은 아직 교회 성도가 아니었지만, 이임식 날 아침에 군목인 군종 참모로부터 "평안을 너희에게 끼치노니 곧 나의 평안을 너희에게 주노라"(요 14:27)라는 하나님의 말씀을 전해 듣고, 이 말씀 안에서 어려움을 의연히 극복하셨다.

이 평안의 복음은 고난의 시기에 믿음이 없던 우리 가족에게 임한 최초의 말씀이다. 이후 하나님은 선친에게 믿음의 성장과 함께 새로운 경력과 리더십을 경험케 하시고, 국경을 지키던 장군에서 전 세계 민족을 위하여 기도하는 장로로 변화시키셨다.

하나님은 우리를 위한 계획을 가지고 계시다. 재앙과도 같은 혼돈의 시기에 평안을 주시며 소망을 이루어 주신다. 우리는 앞날을 알지 못한다. 그러나 마음속에서 절망의 언어를 버리고, 은혜의 말씀을 선택할 수는 있다. 우리는 각자의 마음에 불쑥 떠오르는 오만 가지 생각들을 막을 수가 없다. 그러나 소망을 가지고 바울이 로마에 가기를 간절히 원했듯이 강력한 목표를 정할 수는 있다. 그것이 크리스천의 축복이자 도전이다.

여러분도 잠시 기도해 보길 권한다. 지금 마음속에 떠오르는 각양각색의 단어와 이야기 중에서 하나님이 보시기에 가장 좋은 것은 무엇인가? 지금 당신이 겪고 있는 고난 너머의 최종 목표는 무엇인가? 그 목표를 향한 확실한 첫걸음은 무엇인가? 이것을 수첩에 기록한 후 행동에 옮겨 보자. 혼돈스러운 현실에서도 만왕의 왕께서 주시는 평안과 담대함이 당신을 왕 같은 제사장의 길로 이끌어 갈 것이다. 크리스천은 평강의 왕이신 예수님을 영원히 따르며 본받는 존재임을 잊지 말아야 한다.

언어는 삶을 바꾼다

리더의 역할이 크게 필요할 때는 사실 평상시보다 눈앞에 절망적이고 혼돈스러운 상황이 펼쳐질 때다. 예컨대, 코로나 바이러스가 갑작스레 닥쳐왔을 때, 이토록 수년간 고통을 당할 것으로는 예상하지 못했다. 리더도 다른 사람들과 마찬가지로 당장은 그 상황의 영향을 받을 수밖에 없지만, 새로운 각도에서 이를 관찰하고 가능성의 공간을 열어 가야 한다.

리더가 새로운 각도에서 새로운 가능성의 공간을 열어 가기 위해서는 존재 코칭 모델이 중시하는 언어의 힘을 잘 활용할 필요가 있다. 언어를 의사소통 수단으로만 알고 있는 경우가 많지만, 존재 코칭 모델에서는 현실을 생성하는 언어의 힘을 강조한다.

언어는 어떻게 현실을 생성하는가? 언어는 우리로 하여금 이 세상 안에 있으면서 이 세상에 대하여 행동을 취할 수 있게 해 주며, 어떤 일이 일어나거나 혹은 일어나지 않도록 일정한 역할을 하게끔 해 준다.

예를 들어, 두 사람이 함께 휴가여행을 가기로 약속한 경우를 살펴보자. 서로 간에 여행 날짜를 결정했으면 각자 캘린더나 수첩에 기입한다. 그런 후 그날이 올 때까지 아무 일도 안 하고 가만히 있는 것이 아니다. 예정된 일정에 맞추어 비행기

맥시마이즈

편과 숙소 등을 예약할 것이다. 그러는 사이에 지루하던 일상은 기대감과 설렘으로 가득 차게 될 것이다.

그들은 여행 계획을 통하여 미래뿐 아니라 현재에 관해서도 하나의 현실을 창조한 것이고, 또한 미래 세상의 일부분에 관한 그들의 기대를 생성시킨 것이다. 이 기대는 그들의 "진행 중인 현재"(ongoing present)에 스며들어 그들 현실의 일부가 된다.

이와 마찬가지로 하나님이 우리에게 주신 약속도 하나님과 우리가 합의한 것으로 받아들인다면, 우리 삶이 새롭게 생성될 것이다. 하나님은 죄와 허물로 죽은 우리를 그리스도와 함께 살리셨고, 함께 일으키셨으며, 또한 그리스도 예수 안에서 함께 하늘에 앉게 하셨다(엡 2:5-6). 이 세 가지 은혜의 역사는 앞의 여행 계획과는 비교할 수 없는 높은 기대감을 준다. 그뿐만 아니라 영적으로 죽어 있던 우리의 과거와 현재와 미래 전체를 새롭게 만드신다. 새 하늘과 새 땅에서 우리의 낮은 몸이 영광의 몸으로 변화될 것에 대한 기대는 지금 이 땅에서 "진행 중인 현재"에 스며들어 현실이 되는 것이다.

이제 습관처럼 새겨진 안개 인생의 모호한 존재 방식을 버리고, 변치 않는 하나님의 약속에 기초한 언어를 사용하자. 그럼으로써 혼돈을 이기는 평안의 리더십으로 함께 변화하기를 소망하며, 존재 코칭 모델에 비추어 다음의 성찰 과제를 생각해 보자. 앞서 소개한 존재 코칭 모델의 적용 사례를 참고하여 자신의 언어와 감정을 기록하고, 이에 합당한 행동이 무엇인지 기록해 보길 바란다.

맥시마이즈

1. 지금 이 순간 내가 가장 사랑하는 성경 말씀 한 구절을 기록하고, 이 말씀을 자신의 중심에 두었을 때 어떤 감정이 드는지 기록해 보라.

2. 이어서 이 말씀에 기초하여 새롭게 시도하고 싶은 행동을 구체적으로 기록해 보라.

2
리더의 효과적인 경청과 질문

실제 상황에서 존재 코칭 모델의 1차 범주 학습과 2차 범주 학습을 어떻게 활용할 수 있는지를 살펴보고, 이에 필요한 경청과 질문의 스킬을 알아보고자 한다.

현직 고위 간부인 크리스천 리더가 힘든 상황을 겪으면서 어떻게 해야 할지 몰라 도움을 청해 왔다. 경력과 성취 면에서 탁월함을 인정받아 요직에 임명되었지만, 그의 상사가 워낙 까다롭고 고집이 센 데다가 업무상 무리한 요구를 하기 일쑤여서 견디기가 힘든 상황이었다. 위치상 다른 사람에게 터놓고 상의하기도 어려운 처지였다. 한마디로 한계 상황에 봉착한 것이다.

존재 코칭 모델의 1차 범주 학습은 원하는 결과를 얻기 위해

맥시마이즈

행동을 취하는 것이다. 먼저, 그는 자신이 상사를 만족시키기가 어려운 상황이지만, "지금 내가 취할 수 있는 최선의 행동은 무엇인가?" 하고 자문했다. 그러나 자문하여 얻은 답이 결국 좋은 결과로 이어지지 않을 것 같아서 내게 도움을 청한 것이지만, 그럼에도 그가 한 1단계 행동, 곧 자문자답은 의미가 있다.

이어서 그는 "내가 취할 수 있는 더 나은 행동이 있다면 무엇인가?" 하고 또다시 자신에게 물었다. 이미 곰곰이 생각하여 행동으로 옮긴 경험이 있었기에 더 나은 행동을 찾아내기란 쉬운 일이 아니다. 얼마의 시간이 흐른 뒤에야 두 번째 취할 행동을 찾아냈다. 2단계 대화가 이루어진 것이다. 이렇게 두 가지 선택지를 갖게 되면, 자신의 상황을 입체적으로 볼 수 있게 되고 그럼으로써 숨통이 트이게 된다.

이쯤에서 나는 3단계로 존재 코칭 모델의 2차 범주 학습에 해당하는 질문을 그에게 던졌다.

"지금 상황에서 하나님이 주시는 가장 강력한 말씀은 무엇인가요?"

크리스천으로서 말씀 훈련이 잘되어 있었기에 어렵지 않게 답했다. 이때는 마음에 어떤 감정이 드는가를 물을 필요가 없었다. 말씀을 답하면서 이미 그의 어두웠던 표정이 환하게 바뀌는 것을 확인했기 때문이다. 이로써 대답한 말씀을 기반으로 선택 가능한 제3의 행동 계획을 수립하는 것은 어려운 일이 아니었다. 결과적으로, 그는 이후 선한 영향력을 발휘하고, 지속적인 성과를 내어 그가 오를 수 있는 최고 직위에까지 오를 수 있었다.

나는 이러한 방식을 '1-2-3 코칭'이라고 부른다. 앞의 1-2단계는 1차 학습 범주의 선택지를 갖게 하여 입체감을 확보하는 것인데, 이것을 '육안 비행'이라고 한다면, 2차 학습 범주에 해당되는 3단계는 '계기 비행'이라고 할 수 있다. 육안 비행이라 함은 그가 처한 상황과 상사의 요구 등을 모두 고려하여 행동하는 것으로 이것도 나름대로 의미가 있지만, 육안 비행으로는 높은 고도로 태평양을 건너 멀리 날아가지는 못한다. 더 높이, 더 멀리 날아가기 위해서는 계기 비행을 해야 한다. 계기 비행은 눈앞에 결과가 보이지 않아도 오로지 하나님의 말씀에 기초하여 행동하는 것이다.

1-2-3 코칭의 각 단계를 거치기만 해도 사회에서 다른 구성원들과 좋은 관계를 맺으면서 뿌리를 굳게 내리는 동시에 교회 공동체를 통해 배우고 마음에 새긴 말씀대로 살아갈 힘을 얻는다. 이러한 습관을 반복하다 보면, 인간 존재의 세 요소가 연결되는 방식이 부분 연결에서 입체 연결로 바뀐다. 중심에 말씀(언어)이 자리하고, 이를 감정과 육체가 둘러싸는 모습으로 변화되는 것이다. 이 상태가 되면 모호함과 불확실성으로 가득한 안개와 같은 인생에서 어디에서 무엇을 하든지

하나님의 뜻을 이루는 상속자다운 리더로 변화한 것이라고 할 수 있다. 여러분도 앞의 성찰 과제에서 기록한 가장 사랑하는 말씀 한 구절을 다시 한번 중심에 새기고, 새로운 행동으로 나아가는 시간이 되기를 바란다.

경청의 네 가지 스킬

1-2-3 코칭에서 필요한 스킬이 '경청과 질문'이다. 리더에게 경청이 중요하다는 것은 널리 알려져 있다. 그런데 뜻대로 잘되지 않는 것이 현실이다. 왜 그럴까? 우선 바빠서 시간이 없기 때문일 것이다. 그러나 더 심층적인 것은 경청이 가진 유익을 잘 모르기 때문이기도 하다. 유익한 일이고 중요한 일로 생각되면 어떻게 하든지 시간을 만들게 된다.

전문 코치로서 일대일 코칭을 격주에 한 시간씩 10회를 하면 반년 정도의 시간이 흐르고, 이 정도 과정이면 동반자는 확실한 변화와 발전을 경험한다. 이 정도의 전문 코치가 되려면 상당한 수련을 거쳐야 하며 경청과 질문의 역량이 뛰어나야 한다. 그러나 존재 코칭 모델을 적용한 1-2-3 코칭은 10여 분 정도로도 가능하다.

리더가 일상생활에서 누군가를 코칭하는 데 필요한 효과적인 경청의 네 가지 스킬과 질문의 다섯 가지 스킬을 소개하고 자 한다. 2005년부터 지금까지 18년간 대학에서 리더십 과목을 가르치면서 실행해 본 결과, 상당히 큰 효과가 있음을 확인했다. 학생들을 몇 개 조로 나눈 후 실생활 이슈를 중심으로 일대일로 10분씩 서로 코칭 실습을 하는 과정에서 경청과 질문 스킬을 익히게 했다. 이처럼 동료끼리 서로 코칭하는 것을 피어 코칭(peer coaching)이라 한다.

수업 시간에 피어 코칭을 한 후 한 학생이 찾아와 자신이 지난 1년간 친구들과 밤새 술 마시며 치열하게 논의했던 문제가 동료 학우의 10분 코칭을 받고 해결되었다면서 황당한 표정을 지었다. 지난 시간이 억울하다고도 말했다. 그뿐 아니라 전문 코치도 아닌 동료 학우에게서 피어 코칭을 받고 나서 생각하던 진로를 바꾼 학생도 많았다. 그만큼 코칭이라는 상호작용은 그 자체로 영향력이 매우 크다.

많은 코치가 공유하며 활용하는 적극적 경청 스킬에는 반영하기(Reflection), 명확히 하기(Clarification), 바꿔서 말하기(Paraphrasing), 요약하기(Summarizing) 등 네 가지가 있다.

첫째, 반영하기란 동반자의 이야기에서 감정과 관련된 부분을 바꾸어 말하는 것을 가리킨다. "오늘 기분이 가라앉은 것 같군요"와 같이 동반자의 감정적인 부분에 초점을 맞추어 반응하면 감정의 이완 및 정화의 효과를 불러일으킨다.

둘째, 명확히 하기는 "…라는 뜻인가요?" 식으로 질문하는 것으로 동반자의 혼돈된, 혹은 주의 산만한 생각을 정리해 주고, 문제를 더 명확하고 구체적으로 파악하게끔 하는 것을 말한다.

셋째, 바꾸어 말하기는 동반자가 한 말을 다르게 표현하는 것으로 동반자가 망설이거나 확신하지 못하는 이슈에 관해 자신 있게 말할 수 있도록 돕는 것이다.

넷째, 요약하기는 동반자의 말을 두세 핵심 문장으로 줄여 말하는 것으로 동반자가 당면한 문제들의 우선순위를 결정하게끔 하여 코칭 대화를 이어 가게 하는 역할을 한다.

적극적 경청의 이러한 네 가지 스킬은 다음 네 가지 효과가 있다.

- 코치–동반자 간에 신뢰 관계를 증진한다.
- 문제가 되는 감정의 정화 작용을 촉진한다.
- 동반자 스스로 문제를 분석하고 해결책을 모색하도록 격려한다.
- 동반자 스스로 문제 해결을 주도하도록 하여 독립성을 길러 준다.

질문의 다섯 가지 스킬

코칭 질문은 동반자의 내면에 잠재되어 있는 감정, 생각, 아이디어, 역량 등의 자원을 수면 위로 떠올려서 코칭 주제에 관한 동반자의 선택을 현실화하고 최적화할 수 있게 하는 가장 중요한 기술이다. 효과적이고 강력한 질문은 판단하지 않고 제기되며, 동반자의 통찰력과 해결책을 촉구한다. 질문에 대한 해답을 찾는 것보다 질문에 대답하는 과정 그 자체가 더 중요하다.

코칭 질문에는 다섯 가지 스킬이 있다.

1) 리딩 질문(Leading Question)
- 과거가 아닌 미래에 초점을 맞추는 질문
- 미래형 단어가 포함된 질문
- 미래의 행동과 가능성을 리드하는 질문
- 과거의 잘못된 행동보다 미래의 긍정적인 영향력을 중요시함

2) 열린 질문(Open Question)
- '예' 또는 '아니오'의 단답형 질문이 아닌 의견을 자유롭게 말하게 하는 질문

- '어떻게'가 포함된 질문
- 동반자의 의견, 관점, 사고, 감정까지 파악할 수 있는 확산적 질문
- 상대방이 방어기제를 일으키지 않도록 '왜' 대신 '어떻게'를 물음

3) 구체적 질문(Specific Question)
- 동반자가 처한 상황에 대한 객관적이고 구체적 정보를 얻는 질문
- 누가, 언제, 어디서, 왜, 무엇을, 어떻게 등의 특정 의문사를 활용
- 현실 인식에 관한 계량적 사고를 유도함으로써 문제를 정확히 규명하는 데 도움이 됨

4) 가정 질문(Conditional Question)
- 패러다임 전환을 일으키는 질문
- 동반자가 더 이상 전진하지 못할 때, 새로운 생각을 촉발함
- 동반자의 생각의 깊이와 외연을 확장시켜 주는 질문
- 역지사지 질문, 어리둥절한 질문, 평소 생각할 수 없는 것을 묻는 기적 질문

- 기적 질문에 필수적인 추가 질문: "그것이 왜 중요합니까?""어떤 의미가 있습니까?""정말로 그것을 원하세요?""언제부터 그런 생각을 하셨습니까?"

5) 본질적 질문(Essential Question)
- 문제의 핵심에 직면하게 할 수 있는 질문
- 동반자의 가능성, 가치, 비전, 사명에 관한 질문
- 동반자가 깨닫지 못한 내적 욕구와 외부 환경에 대한 새로운 이해의 기회를 제공함
- '아하 모멘트'(Aha Moment)를를 일으킬 수 있는 질문

위의 다섯 가지 질문은 세 가지 범주로 분류할 수 있다.

- 기본 질문: 리딩 질문
- 심화 인식 질문: 열린 질문, 구체적 질문
- 패러다임 전환 질문: 가정 질문, 본질적 질문

첫 번째 범주인 리딩 질문은 리더가 일상적으로 사용하는 기본 질문이다. 미래형 시제를 사용하여 리더와 동반자가 미래 시점을 향해 함께 나아가도록 한다. 두 번째 범주인 심화 인식 질문은 망원경(열린 질문)과 현미경(구체적 질문)을 사용하여

현실을 입체적으로 파악하듯이 현실 인식을 심화한다. 세 번째 범주인 패러다임 전환 질문은 현실 인식과 행동의 지평을 바꾸어 준다. 예컨대 생산자가 기술적 문제 해결에서 난관에 부딪쳤을 때, 사용자의 관점에서 문제의 성격을 바꾸어 보도록 도울 수 있다.

지금까지 소개한 경청과 질문 스킬 중에서 우선 마음에 닿는 한두 가지를 시도하다 보면 효과를 경험하면서 점차 숙달하게 될 것이다. 이러한 언어 행위는 일상적인 언어 사용과는 다른 층위의 것이다. 경청과 질문은 상호 깊은 이해와 신뢰를 바탕으로 잠재력을 극대화하는 리더십 관계 창출의 중요한 원천이다. 단순히 해결책과 실행 방안을 모색하는 데 그치지 않고, 새로운 협력 관계를 확보해 나가며 지속적인 동반 과정으로 이어질 수 있다.

일상 속에서 진실 말하기

사회생활을 하다 보면 누구라도 불안할 수밖에 없는 상황에 부딪히곤 한다. 그런데 어떤 사람은 그런 상황에서도 하나님이 주시는 평안을 누리는 걸 본다. 주변 사람들이 "이 상황에서 너는 잠이 오냐? 어떻게 그리 태평할 수 있어?" 하며 의아해할 정도다. 성경은 이럴 때 "너희 속에 있는 소망에 관한 이유를 묻는 자에게는 대답할 것을 항상 준비하되 온유와 두려움으로"(벧전 3:15) 하라고 가르친다.

우리 안에 있는 믿음과 소망의 언어는 일상 대화에서 부지불식간에 상대방에게 긍정적인 메시지를 전달한다. 그러나 불신과 냉소적인 언어를 일삼는 사람은 그가 설사 크리스천일지라도 다른 사람들에게 불안감을 전하기 마련이다. 선한 영향력을 주고자 하는 크리스천 리더라면 겉치레에 그치는 좋은 말이 아닌 자신 안에 있는 소망의 이유를 정리된 언어로 준비할 필요가 있다.

나는 이런 목적으로 성령 세례를 받은 이후 "나의 구원 이야기"(My Redemption Story)를 주제로 줄곧 자료를 모아 오고 있다. 조상 제사를 충실히 지키는 전통적인 유교 가문의 10대 종손으로 태어난 나는 가족 중에서 제일 먼저 예수님을 구주로 믿고 영접했다. 그랬더니 "주 예수를 믿으라 그리하면 너와 네 집이 구원을 받으리라"(행 16:31)라는 말씀이 우리 가족에 그대로 이루어지는 것을 경험했다. 어느덧 나의 부모님과 형제, 자녀들이 모두 예수님을 믿고 구원받았으니 생각할수록 감사한 일이다.

이렇게 내 안에 정리된 믿음과 소망의 언어는 코칭 스킬의 하나인 '진실 말하기'를 할 때 큰 도움이 된다. 리더가 동반자를 코칭의 관점으로 대할 때 늘 동일한 방식을 취하는 것은 아니다. 기본적으로 동반자에게 경청의 자세를 갖고 대하지만, 필요할 경우 직접적으로 진실을 말하거나 스토리텔링 형식을 빌려 표현할 수 있다.

코칭할 때는 약 60%의 시간을 경청하는 데 할애한다. 한 시간 코칭이라면 40분 이상을 경청에 쓰고, 10분이라면 6분가량을 경청에 할애한다. 경청을 통해 동반자에 대한 존중이 이루어진 상태에서 행해지는 진실 말하기는 강력한 영향력을 발휘한다.

믿음의 언어가 진실 말하기를 통해 선한 영향력을 효과적으로 발휘하게 하려면 언어 환경의 변화를 이해하고 활용하는 것이 좋다.

우리가 겪는 소통의 어려움의 원인을 세대 차이에서 찾는 경우가 많다. 이전 세대와는 다른 환경을 사는 새로운 세대가 그들만의 삶의 기준을 세우고, 신조어 등 다른 언어를 사용하기에 그런 면이 있다. 그러나 세대 차이에 앞서 언어 환경 자체가 변화한 것을 이해할 필요가 있다. 이와 관련하여 장 프랑수아 리오타르(Jean-François Lyotard)의 《포스트모던의 조건》은 참고해 볼 만한 책이다.

리오타르는 현대의 변화를 포스트모던 상황이라고 정의하고, 그 핵심을 큰 이야기, 즉 메타 서사(meta-narrative)의 약화로 설명한다. 큰 이야기란 우리가 살아가면서 겪는 작은 이야기들의 정당성을 위에서(meta) 보증해 주는 역할을 한다. 그런데 큰 이야기가 불신을 받고 약해지면 구성원 개개인이 자기 소견대로 말하고 행동하는 것을 규율할 상위 기준이 없어지므로 가정과 학교 등은 전통적인 공동체로서 존속하지 못하고 해체되어 간다.

이러한 모습들은 좋건 싫건 간에 이미 우리가 눈앞에서 보고 있는 현상이다. 어떻게 하면 이를 극복해 나갈 수 있을 것인가에 관한 세계적인 논쟁도 있었다. 그러나 앞날을 낙관적으로만 보기는 어렵다는 것이 현실적인 진단일 것이다. 이런 상황에서 이전과 같은 방식으로만 복음을 전하는 것은 한계가 있을 수밖에 없다. 서로가 합의점을 찾기 힘든 모습으로 멀찌감치 떨어져 있는 사람들을 위한 맞춤형 관계와 언어가 필요한 것이다.

역설적인 것은 큰 이야기, 즉 메타 서사가 약해지는 위기가 서사의 새로운 전성시대를 열었다는 점이다. 주로 시장 및 기업 분석, 소비자 성향 분석을 중심으로 우리 사회의 시대적 트렌드를 다년간 추적해 온 서울대 소비트렌드분석센터의 《트렌드 코리아》가 2022년 전망에서 "내러티브 자본"이라는 키워드를 제시했다. 저자 김난도 교수는 이 책에서 내러티브, 곧 서사를 이렇게 정의했다.

'자세히 말하다', '이야기하다'라는 의미의 라틴어 동사 'nar-rare'에서 유래된 내러티브는 알다(gnarus)와 말하다(narro)에서 파생됐다. 단순히 말하는 것 자체를 넘어, 무엇인가를 알기 위한 것임을 강조하는 단어다. 다시 말해서, 내러티브는 그냥 말하는 것이 아니라, 세상에 의미를 부여하고 그것이 자신의 삶에 어떤 의미를 갖는지 해석해 가는 과정이다. 내러티브는 보통 이야기나 스토리(story)라는 단어와 혼용되지만, 둘은 다르다. 스토리는 보다 한정된 개념으로서 실제적 또는 허구적 사건(event) 자체를 흐름대로 전달하는 것에 초점을 둔다. 반면 내러티브는 단순한 이야기가 아니라 발화의 주체가 창의성을 가지고 자기만의 방식으로 서술하는 것에 방점을 찍는다. 메리엄-웹스터 온라인 사전(merriam-webster.com)에 따르면 내러티브는 이야기 자체를 넘어 특정한 관점이나 가치관을 반영하고 이를 고취하는 방식이다.

위 정의에 따르면 서사는 세상에 의미를 부여하고, 그것이 자신의 삶에 어떤 의미를 갖는가를 자기만의 방식으로 창의성 있게 서술하는 것이다. 얼핏 보면 경제나 시장과는 거리가 있어 보이는 서사가 새로운 가치를 갖게 되었다는 것이다.

내러티브가 기업과 경제의 가치 평가에 적극 반영되는 시장이 만들어지고 있다. … 따라서 기업의 가치를 높이기 위해 이제 비즈니스 내러티브 전략의 구사는 선택이 아닌 필수다. … 전통적으로 이어 오던 기업의 가치 평가와 주식 가치 측정법도 바뀌고 있다. 노동과 자본 중심의 하드웨어 경제 시대에서 소프트웨어 경제의 시대로 이동하면서 기업 문화, 브랜드, 고객과의 관계, 경영진과 직원의 자질 등에 대한 다양한 내러티브가 사업 가치에 큰 영향을 미치는 중요한 요소로 고려되기 시작했다. 경제 요소에 대한 새로운 방식의 밸류에이션(가치 평가) 시대를 맞이하고 있는 것이다. … 심지어 숫자를 관찰하는 분석가와 투자자들조차도 자신들이 분석한 일련의 숫자 체계에 대해 내러티브적 의미를 부여하려고 한다. … 내러티브에는 한계가 없다. 포화 상태의 시장에서 더 이상의 놀라운 사업이란 없을 것 같지만, 인간의 상상력은 계속해서 새로운 비즈니스를 창조해 낸다. 동시에 부의 축적 속도와 유행의 확산 속도는 상상력의 크기만큼 빨라지고 있다. 내러티브는 이 상상력에 날개를 달아 주는 제트기와 같다.

위 인용문은 시장과 기업의 현실 세계를 주동하는 힘이 크게 바뀌어서 서사가 핵심에 있다는 점을 구체적으로 기술한다. 한편 이 글은 세속화의 물결 속에서 성경의 가치와 이야기가 점차 영향력을 잃어 가는 시대에 크리스천 리더들이 삶의 영역에서 선한 영향력을 새롭게 발휘할 기회가 있음을 알려 준다. 크리스천들은 무엇으로 거듭나는가? 하나님의 말씀으로 거듭난다. 따라서 그의 삶에는 성경 말씀이 녹아 있을 수밖에 없다. 그가 받은 하나님의 약속과 삶의 체험은 자기만의 강력한 서사를 구성하게 한다.

이 책의 머리말 제목인 "안개 인생에서 상속자 리더로"가 바로 서사의 한 예다. 나는 나 자신이 김난도 교수의 내러티브 정의에서 언급된 '발화의 주체'로서 독자들이 크리스천 리더의 정체성과 가치관으로 자기만의 방식으로 하나님의 상속자 리더로서 살아가기를 바라며 도전하며 권면하는 바다.

크리스천 리더는 신앙의 삶의 기록이자 함께하는 사람들에게 주는 메시지로서 서사를 구성할 필요가 있다. 크리스천 리더가 자신의 삶에 담긴 의미를 표현할 때, 서사는 부지불식간에 이 세상을 향한 영향력의 원천이 된다. 예전에도 그랬지만, 지금은 서사가 더욱 중요한 시대다.

이에 당신이 자신의 서사로 일상 속에서 진실 말하기를 할 수 있도록 세 가지 방법을 제시하고자 한다.

먼저, 하나님은 우리에게 "너희 말이 내 귀에 들린 대로 내가 너희에게 행하리니"(민 14:28)라고 말씀하셨다. 그 말씀대로 지금 하나님이 당신의 말을 들으시고, 당신에게서 들은 대로 행해 주신다면, 당신은 하나님께 어떤 이야기를 해 드리겠는가?

하나님께 감사 기도 세 가지와 간구 세 가지를 당신만의 표현으로 기록해 보자.

맥시마이즈

† 감사 기도

1)
_____

2)
_____

3)
_____

† 간구

1)
_____

2)
_____

3)
_____

　두 번째 방법은 사도행전 7장의 스데반 집사의 마지막 말을 참고하여 자신의 서사를 구성해 보는 것이다. 사도행전 7장은 한 장 전체가 스데반 집사의 그리스도 예수의 복음의 변증인데 "이 말을 하고 자니라"(행 7:60)로 끝을 맺는다. 우리 각자에게도 죽기 전에 자손에게 꼭 남기고 싶은 예수님을 믿고 체험한 교훈 이야기가 있지 않겠는가? 그 이야기를 당신만의 서사로 기록해 보자.

서사 구성의 **마지막 세 번째 방법은** 앞에서 다룬 존재 코칭 모델의 성찰 과제를 다시 살펴보고, 아직 적용해 보지 않았다면 지금 기록해 보고, 이미 기록했다면 더 절실하게 다듬어 보는 것이다.

자신만의 서사를 구성하는 첫째 방법은 하나님께 전해 드리는 방식이고, 둘째 방법은 세상 사람들에게 전하는 방식이며, 마지막 셋째 방법은 자기 자신에게 하는 방식이다. 이 세 가지를 종합하면, 당신은 크리스천 리더로서 갖춰야 할 탁월한 서사를 이미 갖춘 셈이고, 당신의 삶은 말씀의 증인이 된 리더로서 언제 어떤 상황에서도 진실 말하기를 통해 선한 영향력을 미치게 될 것이다.

맥시마이즈

맥시마이즈
Maximize

맥시마이즈

언어는 혼돈스러운 상황을
돌파하는 데 필요한 리더십의
강력한 힘을 제공한다.
특히 내면의 언어를 바꾸면
존재 자체가 바뀌고,
자연스럽게 행동 변화로 이어진다.

PART 3

끝없는 혁신과
리더의 정체성

Q

변화하는 세계를
어떻게 리드하는가?

1

전문가와 관리자, 리더의 정체성 모델

지금은 끝없는 변화와 혁신의 시대다. 과학기술정보통신부(MSIT)가 2022년 11월에 주최한 2023 ICT 산업전망컨퍼런스의 주제는 "디지털 전환을 넘어 디지털 대도약 시대로"였다. 이 컨퍼런스에서는 인공 지능(AI) 반도체, 자율 주행 자동차, 우주 항공 등 지금 세상을 크게 바꿔 놓고 있는 주제들이 논의되었다. 하지만 '디지털 대도약 시대'로의 변화가 10년 후, 20년 후에 어떤 방향으로 수렴될 것인가에 관해서는 누구도 책임 있게 말해 줄 수 없는 것이 현실이다.

디지털 전환기라고 할 수 있는 2000년에 대학의 신문사 주간을 맡고 있던 나는 시대적인 변화를 체감하며 "디지털 시대의 진정한 리더는 누구인가?"라는 좌담회를 개최하였다. 여러 전문 분야 교수들이 참석한 좌담회에서 지금도 잊히지 않는 다소 충격적인 발언을 들었는데, "디지털 사회에선 리더라는 요소가 없어질 수도 있다"라는 내용이었다. 끝없는 혁신이 광범위하게 이루어지는 이 시대의 리더가 누구인지, 사실은 불분명하다는 뜻이다.

크리스천 리더는 이러한 변화를 이해하며 이에 휘둘리거나 침몰하지 않고 오히려 변화를 주도할 수 있는 나름대로의 전략을 세워야 한다. 그렇다면 어떤 전략을 세워야 할지 생각해 보자.

누구의 관점으로 보는가? 이것이 전략의 핵심이다. 신앙생활을 열심히 하면서도 여전히 자신의 관점에서 세상과 현실을 바라보는 크리스천이 많다. 그렇다면 서둘러 관점을 전환해야 한다. 만약 전환하지 않으면 믿음과 열매가 피폐한 결과로 귀결될 수 있기 때문이다. 그러나 하나님의 관점으로 전환한다면 놀라운 은혜와 결실을 체험할 수 있다. 이것이 전략이 급소인 이유다.

이번 장에서는 크리스천의 전략적인 관점 전환을 돕기 위하여 C. K. 프라할라드(C. K. Prahalad) 전 미시간대학교 로스 경영대학원 교수의 전략 코칭의 핵심을 살펴보고, 이어서 조직 개발 분야에서 리더십 문제를 오랫동안 다뤄 온 뱅상 레나르(V. Lenhardt)의 3단계 정체성 개발 이론을 소개하고자 한다.

운동 경기에서 주로 사용되던 코칭이라는 용어가 1990년 대를 거쳐 2000년대로 넘어오면서 기업의 조직 경영에 적용 되기 시작했다. 나는 이런 현대적 의미의 코칭이 대학의 학술 영역으로 자리 잡은 시기를 2004~2005년경으로 파악한다. 바로 〈하버드 비즈니스 리뷰〉(Harvard Business Review)에 실린 경 영자 코칭의 1세대 주자인 스트랫퍼드 셔먼(Stratford Sherman) 과 앨리사 프리어스(Alyssa Freas)가 쓴 '경영자 코칭의 서부 시 대'(Wild West of Executive Coaching)[1]와 세계 최고의 경영 컨설턴트 로 꼽히는 마셜 골드스미스(Marshall Goldsmith)가 미국의 리더십 코치 상위 50명을 소개한 《리더십 코칭 50》[2]의 출간이 그 근 거 자료다. 《리더십 코칭 50》에서 소개된 여러 코치 중에서 내 가 주목하고 참조한 사람은 C. K. 프라할라드다.

　　전략이란 무엇인가? 단순화한다면, 관점을 갖추는 것이다. 프라할라드의 전략 코칭의 핵심은 기업의 리더에게 필요한 관 점의 수립을 돕는 것이다.

　　그는 전략 코칭에 관해 이렇게 말한다.

　　전략 코치는 우선 신임 CEO가 자신이 물려받은 것이 정확

1　Stratford Sherman and Alyssa Freas, "Wild West of Executive Coaching", *Harvard Business Review*, nov. 2004.

2　Howard Morgan, Phil Harkins, Marshall Goldsmith, *The Art and Practice of Leadership Coaching*, Linkage, Inc., 2005.

하게 무엇인지를 생각해 관점을 수립할 수 있도록 돕는다. 이 관점은 조직에 부여하기 위해서가 아니라, CEO가 분별력 있게 경청하고 듣고 있는 내용을 그 관점에 맞게 조정할 수 있도록 하기 위해서 개발되는 것이다. 설사 그 CEO가 조직 내부에서 선출되어 이미 상당한 양의 직접적인 지식을 보유하고 있다 하더라도, 정확하게 수립된 관점은 여전히 필수이다. CEO라는 자리는 완전히 다른 자리이다. 이제 세상을 남들과는 다른, 더 높은 자리에서 볼 것이다. 당연히 세상은 달라 보인다.[3]

크리스천이 성령 세례를 받아서 안개 인생에서 하나님의 상속자 리더로 변화하는 것은 천지 만물의 창조주이신 하나님으로부터 세상 경영을 위임받은 CEO로 취임하는 것과 같다. 따라서 크리스천의 전략 코칭은 프라할라드가 기업의 CEO를 대상으로 한 전략 코칭과 그 원리가 같다고 할 수 있다.

조직의 경험과 지식이 아무리 많아도 CEO로 취임하려면 완전히 새로운 관점이 필요하다. 마찬가지로 세상 경험이 아무리 풍부해도 하나님의 상속자로서 유업을 물려받으려면 완

---

3 Howard Morgan, Phil Harkins, Marshall Goldsmith, *The Art and Practice of Leadership Coaching*, Linkage, Inc., 2005. 홍의숙, 이희경 옮김, 《리더십 코칭 50》, 거름, 2006. p.352.

전히 다른 관점이 필요하다. 즉 자신의 관점에서 하나님 아버지의 관점으로 반드시 전환해야 한다.

전략이란 원래 군대나 기업 같은 조직에서 장기적인 경쟁 우위 확보를 위해 사용하는 책략을 가리키는 용어다. 그런데 크리스천 리더에게도 전략이 필요할까? 결론부터 말하자면, 필요하다. 왜냐하면, 성격이 다를 뿐이지 크리스천도 군대처럼 영적 전쟁을 수행하고, 기업처럼 30배, 60배, 100배의 열매를 수확해야 하기 때문이다.

그렇다면 크리스천 리더의 전략은 무엇인가? 가장 기본적인 전략은 앞서 말했듯이 하나님의 관점을 통해서 세상 모든 일을 바라보는 것이며, 우선순위를 확실히 하여 모든 일에 앞서 먼저 "그의 나라와 그의 의를"(마 6:33) 구하는 것이다. 이럴 때 영적 전쟁에서 확실히 승리하고, 사람의 생각을 넘어서는 풍성한 열매를 지속적으로 거둘 수 있다.

베드로는 무슨 일이든 열심히 하는 사람이었다. 초막 집을 짓고 예수님과 함께 사는 것이 그의 소원이었다. 예수님을 붙잡으러 온 대제사장 무리에 달려들어 말고의 귀를 칼로 베어 버린 베드로였다. 그런 그가 예수님을 세 번이나 부인하더니 물고기를 잡는 어부로 돌아갔다가 성령 세례를 받고 나서야 완전히 변화했다.

사도행전 12장을 보면 말씀을 전파하던 사도들이 핍박당하는 모습이 나온다. 사도가 죽임을 당하고, 베드로 본인은 옥에 갇혀도 저항하지 않는다. 예전의 베드로라면 상상할 수 없는 태도다. 12장의 결론은 무엇인가? "하나님의 말씀은 흥왕하여 더하더라"(행 12:24)이다. 즉 하나님의 관점에서 베드로가 할 일은 헤롯 같은 자들과 다투는 것이 아니라 구원의 말씀을 천하 만민에게 전파하는 것이다. 헤롯 왕은 무리에게 신 같은 존재로 보였지만, 주의 사자가 치니 벌레에게 먹혀 죽고 말았다(행 12:23). 베드로가 자신의 관점으로 살았을 때는 예수님을 세 번이나 부인했지만, 성령 세례로 하나님의 관점을 갖게 되면서부터 놀라운 은혜와 결실을 맛보게 되었다.

리더의 역할은 무엇인가?

이어서 뱅상 레나르(V. Lenhardt)의 3단계 정체성 개발 이론을 소개하고자 한다. 프랑스에서 "코칭의 교황"으로 불리는 레나르는 전문가, 관리자, 리더 등 정체성의 세 가지 모델을 제시한다. 레나르는 심리학과 경영학을 전공하고, 조직 개발 현장에서 오랫동안 일한 경험으로 1990년대 초반부터 코칭을 본격적으로 실행하여 현재까지 활동하고 있다.

레나르가 제안하는 리더의 역할은 무엇인가? 그가 제안하는 리더의 정체성 모델을 요약하면, 리더는 전략과 의미를 담지(擔持)한 자다. 전략은 조직이 나아갈 방향을 지시하고, 조직 문화 차원에서 구성원들이 무엇을 하고, 무엇을 하지 말아야 할지를 결정하게 한다. 그렇다면 의미란 무엇인가?

레나르는 이에 답하기 위해 한 이야기를 들려준다. 길을 가다가 삽질하는 사람을 보고, 그에게 무엇을 하느냐고 물었더니 그가 "보다시피 구덩이를 파고 있소"라고 대답했다. 계속 길을 걷다가 또 구덩이를 파고 있는 사람이 있어 똑같이 물었더니, 그는 "보다시피 교회를 짓소"라고 대답했다.[4]

당신은 지금 무엇을 하고 있습니까?

똑같은 모습으로 일하고 있던 두 사람의 대답에는 차이가

---

4 Vincent Lenhardt, *FAC Coaching*, Dunod, 2006, p.177.

있다. 레나르는 두 사람이 던진 대답의 차이를 통해 의미가 단지 질문 자체에 대한 대답만이 아니라 방향과 목표, 의의와 가치, 목적(무엇을 위해), 인과(무엇 때문에), 의도(누구를 위해) 등에 관한 대답을 포괄하며, 궁극적으로는 개인과 집단의 의식 속에 일관성을 형성하게 하는 것임을 강조한다.

이를 바탕으로 레나르는 전문가와 관리자와 리더로 구분된 정체성 개발의 세 단계를 구별하면서, 각기 맡아야 할 영역을 구분한다. 전문가는 '기술과 콘텐츠'를 담당하고, 관리자는 '과정'을, 그리고 리더는 '전략과 의미'를 담당한다.

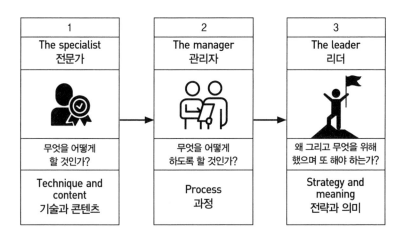

1	2	3
The specialist 전문가	The manager 관리자	The leader 리더
무엇을 어떻게 할 것인가?	무엇을 어떻게 하도록 할 것인가?	왜 그리고 무엇을 위해 했으며 또 해야 하는가?
Technique and content 기술과 콘텐츠	Process 과정	Strategy and meaning 전략과 의미

위 도표에서 보듯이 단계마다 질문의 의문사가 다르다. 전문가는 〈무엇을 어떻게 할 것인가?〉라는 질문에 답할 수 있

어야 하고, 관리자는 〈무엇을 어떻게 하도록 할 것인가?〉라는 질문에, 그리고 리더는 〈왜 그리고 무엇을 위해 했으며 또해야 하는가?〉에 답할 수 있어야 한다. 특히 "왜?"라는 의문사는 전문가에서 관리자를 거쳐 리더로 성장하는 데 필수적인 정체성 개발의 동력을 준다고 설명한다.[5]

단계별 특성을 살펴보도록 하자. 먼저, **전문가**는 자기 자신과 자신의 업무에 초점을 맞추어 기술을 연마하고 콘텐츠를 완벽히 개발하려고 한다. 이러한 자세는 직무 역량을 향상시키고, 이를 통해 조직 역량에 기여한다. 이 단계는 필히 거치는 기본 단계로서 다음 단계의 정체성이 개발된 이후로도 제거될 수 없다.

그런데 전문가가 빠지기 쉬운 위험은 다른 사람들의 관점이나 비전의 요구를 통합시키지 못하는 성향 때문에 관점이 좁아질 수 있다는 점이다. 또한 자신의 기술적 정체성이 위협을 받게 되면, 자신의 권력 레벨을 동원하여 피하려고 하며, 기술을 하나의 독립적인 가치로서 증진시키고자 한다. 전문가는 자기의 기술을 자신의 외적 연장으로 간주하고, 이 기술

---

5 Vincent Lenhardt, *Coaching for Meaning*, Palgrave, 2004. P.160. (프랑스어 개정판, *Les responsables porteurs de sens -Culture et pratique du coaching et du team-building*. Eyrolles, 2015.)
   cf. Vincent Lenhardt, *Le management hybride, Mettre le leadership au service de l'intelligence collective*, InterEditions, 2018.

이 위치한 관계 상황이나 맥락으로부터 독립된 것으로 간주한다는 면에서 그의 사고방식은 단선적인 수준에 머무를 수 있다.

둘째, **관리자** 단계는 일하는 방법과 직무와 사람들의 관계에 초점을 맞춘 프로세스를 다룬다. 전문가와 비교할 때 직위에 따라 그 일이 크게 차이가 난다. 그의 수월성은 다른 사람들로부터 얻는 결과에 따라 측정된다. 이 단계에서의 위험은 집단적인 멤버십과 연대감을 지나치게 강조하다 보니 전문가들이 지닌 기술의 가치가 망각될 우려가 있다는 것이다.

마지막으로 **리더**는 전체적인 관점을 가지고 전략과 의미에 집중한다. 리더는 한편으로는 전략적 비전에 초점을 맞추고, 다른 한편으로는 전략적 비전에 기능과 조직이 통합할 수 있을 조건에 집중해야 한다. 이 경우의 위험은 세 단계 정체성 중 하나에 과도히 집중함으로써 다른 두 가지를 약화시킬 수 있다는 점이다. 예를 들면, 비전을 너무 강조한 나머지 전문가 차원의 기술적 책임감을 잊게 되거나 관리자의 의견을 너무 청취하다가 비전을 잊게 되거나 하는 일이 있을 수 있다.

각 단계로 이동할 때는 일종의 회한이 있다. 예컨대 전문가에서 관리자가 되면, 이전에 자신의 전문성으로 인정받았을 때의 가치를 포기해야 하고, 다른 사람들이 성취한 것들을 통해 평가받아야 한다. 또한 리더가 되면 인기 없는 결정을 내

릴 수 있어야 하고, 비판을 감수해야 하며 주위 사람들의 몰이해와 거리감으로 인해 외로움을 겪을 수 있다.

그러나 이 세 단계는 점진적인 경험을 통해 반드시 통합하는 것이 중요하다. 조직에서의 정체성 발전 과정에서 체험되는 모호성이나 모순이나 제약은 개인의 역동적인 발전으로 연결되며 이는 어떤 인간 공동체에서도 마찬가지다.

레나르가 제시하는 정체성 개발의 세 단계는 조직에서 잠재력을 인정받아 성장하는 인재들이 전형적으로 경험하는 것이기도 하다. 경영자 코칭 과정에서 경험한 한 사례를 들어보자. 큰 조직의 전문 연구원으로서 탁월한 성과를 보인 코칭 동반자는 대인 관계가 좋고 기획력도 좋아서 연구소의 기획 팀장이라는 관리자로 발탁되었다. 전문가에서 관리자로의 정체성 변화와 역할을 잘 수행한 그는 또다시 탁월성을 인정받아 경영 임원이라는 리더로 발탁되었다.

경영 임원으로서 얼마간 열심히 일한 시점에서 그를 만났다. 조직에서 그에게 기대하던 것은 기술의 중요성이 점점 더 커지는 상황에서 새로운 전략적 비전을 수립하는 데 리더로서 중요한 역할을 해 주는 것이었다. 그런데 리더로서 그 일의 성취감은 전문가나 관리자로서 일할 때와는 다르게 모호하고 불확실해서 이전으로 돌아가고 싶은 마음이 커졌다. 일종의 회한 같은 것이다. 더군다나 리더는 역설적으로 도움이 가장 필요할 때 가장 외로운 상황에 처하기 마련이다. 그에게 다가온 현실은 리더의 역설이라고 할 수 있다.

레나르는 리더의 역설을 네 가지로 설명한다.

1) 리더는 도움이 가장 필요할 때 대부분 혼자임을 발견한다. 실제로 리더가 성장하면 할수록 혼자 일을 처리해야 한다고 느끼게 된다.

2) 리더는 때로 인기 없는 결정을 내려야 하고, 이로 인해 주위 사람들이 자신에게 거리를 두더라도 감내해야만 한다. 그런데 그의 결정에 주위 사람들이 환호할 때 리더는 더욱 조심해야 한다. 왜냐하면 사람들의 환호에 길들여지다 보면 현실과는 거리가 먼 환상의 세계에 갇혀 살 위험이 있기 때문이다. 그러면 때에 따라 필요한 건설적인 비판을 수용하기가 어려워질 수 있다.

3) 리더를 간절히 돕기 원하는 측근들이 정작 그의 직무와 환경에 관해서는 잘 모르거나 혹은 그와 반대로 너무 깊이 연관되어 있어서 객관성을 잃는 상황이 종종 생기곤 한다.

4) 리더가 해결해야 할 큰 문제로 얽힌 사람이 정작 그 문제를 해결하기에 가장 부적합할 때가 있다. 마치 사춘기 자녀와 겪는 어려움처럼, 조직 내에서 소통이나 어떤 대

화도 없으면서도 관계를 끊을 수 없는 어려움이 생긴다. 중립적인 중재자로서의 제3자의 개입이 필요한 부분이 생긴다.

이 네 가지 역설의 고비를 넘는 바람직한 방법은 앞에 제시한 도표의 정체성 개발의 3단계를 입체적으로 확인하고, 자기 삶의 변화와 성장의 의미를 조직의 비전과 방향 면에서 통합하는 것이다. 개인과 조직이 유기적이고 실존적으로 통합하게 되면, 시대적인 불확실성과 복잡성 속에서도 창의적이고 일관성을 관철하는 능력을 얻게 된다. 그 능력을 갖춘 사람이 탁월한 리더이고, 조직에서 전략의 실행자로 큰 역할을 수행하게 된다.

크리스천 리더의 중요 전략

크리스천이 자신의 관점에서 하나님의 관점으로 전환했을 때, 어떤 긍정적인 변화가 나타나는가를 보여 주기 위해 내 사례를 들겠다. 대학에서 자유롭게 연구하는 삶을 사는 교수가 되는 것이 나의 소망이었다. 그런데 정년 보장까지 되어 더욱 자유롭게 되었을 때, 대학 본부의 학생처장으로 일하게 되었다. 이전에 교내 부속 기관장을 한 경험의 연장선으로 여겨 취임했으나, 당시 지도해야 했던 학생회의 어려웠던 정치적 상황과 학교가 장기 비전을 전략적으로 수립하는 시기가 맞물려 일이 무척 고되었다. 과도한 업무량과 책임감에 개인 연구실로 돌아가고 싶은 마음이 간절해졌다. 레나르가 말한 대로, 전문가가 관리자나 리더로 일하게 되자 이전 자리로 다시 돌아가고 싶은 마음이 든 것이다.

하나님께 처장직을 내려놓게 해 달라고 간구하려고 기도원에 갔다. 기도원의 공원묘지를 지날 때였다. 내면에서 "네가 아직 죽지 않고 살아 있으니까 힘들지"라는 말씀이 들려왔다. 머리로는 "내가 그리스도와 함께 십자가에 못 박혔나니 그런즉 이제는 내가 사는 것이 아니요 오직 내 안에 그리스도께서 사시는 것이라"(갈 2:20)라는 말씀을 따르면서도 이를 실제 내 문제로 인식하고 나니 새삼 충격이었다. 하나님의 뜻이라면 처장직에 있되 나는 죽은 자이니 내 의지나 힘으로는 아무것도 안 하리라 마음먹고 돌아왔다.

그리고 나자 놀랍게도 평안과 기쁨이 마음에 차올랐다. 이전에는 그렇게 힘들게 느껴졌던 일정들이 그리 고되지 않았다. 나의 관점은 사라지고, 이곳에 나를 보내신 하나님의 관점에서 바라보니 여유가 생기기 시작했다. 점심시간을 이용하여 예배를 드리면 좋겠다는 생각이 들었다. 믿음 좋은 직원들과 정기 모임을 시작했고, 내친김에 교수들과도 별도로 모이기 시작하여 처장직에 취임한 해 11월에는 모두 한데 모여 신우회를 발족하기도 했다. 창립 예배에 500여 명의 교수와 학생, 직원이 모여 감격의 예배를 드렸고, 신우회는 이후로도 하나님의 은혜로 지속되고 있다.

> "그런즉 너희는 먼저 그의 나라와 그의 의를 구하라 그리하면 이 모든 것을 너희에게 더하시리라"(마 6:33).

그 뒤에 더해 주신 은혜는 일일이 열거하기 어려울 정도로 많다. 무엇보다 당시 험난한 시대적인 여건에서 내 힘과 지혜로는 해결할 수 없는 난관에 봉착해 있었으나 처장직을 좋은 성과로 마무리할 수 있었음에 감사하다. 사실, 나보다 훨씬 더 큰 하나님의 역사를 경험한 사례가 많다.

중요한 것은 자기 관점에서 하나님의 관점으로 전환할 때, 크든 작든 놀라운 은혜와 결실이 있다는 것이다. 관점의 이동이야말로 크리스천 리더들의 가장 중요한 전략임을 기억해야 한다.

2

일터의 변화와 의미 전략

크리스천 리더는 변화하는 일터 환경 속에서 일과 신앙을 어떻게 통합할 수 있을까? 일터의 환경 구성에 중요한 역할을 하는 조직의 형태는 빠르게 변화하고 있다.

다음 그림(107쪽)과 같이 명확한 수직적 위계의 피라미드 조직에서 위계와 협력이 교차점을 이루는 매트릭스 조직으로, 다시 다중적인 인적 관계와 상대적인 독립성으로 이루어진 네트워크 조직으로 변화해 가고 있다.[6]

---

6 Vincent Lenhardt, *Coaching for Meaning*, Palgrave, 2004. P.97.

피라미드 조직   매트릭스 조직   네트워크 조직

코로나19 팬데믹을 지나면서 대학 졸업생들을 대상으로 하는 기업의 대규모 공채가 크게 줄고, 경력자 중심의 취업 시장이 커지고 있는 것은 피라미드 조직이 약화되고 있음을 보여 주는 징후의 하나다. 이 변화를 구체적으로 생각해 볼 수 있도록 독자들이 학창 생활을 지냈을 대학 조직의 변화를 살펴보자.

대학의 전통적인 조직 형태는 총장을 정점으로 그 아래에 단과대학들이 있고, 다시 단과 대학들 아래에 소속 학과가 위치하는 전형적인 피라미드 형태다. 각 전공에는 가르치는 내용이 있고, 이를 학습함으로써 앞 장에서 본 첫 번째 정체성인 전문가가 된다. 그런데 현재는 연계 전공과 융합 전공 등의 형태로 매트릭스 조직에서 보이듯이 수평적인 협력 관계가 광범위하게 형성되어 있고, 나아가 최대한의 자율성을 갖는 연구단과 교육단 등이 네트워크 형태로 연결되어 있다. 이 세 가지 조직 형태가 중첩되어 있는 것이다.

무전공 입학 등의 혁신이 시도됨에 따라 대학 형태의 변화

는 앞으로도 가속화될 것이므로, 대학 경영자들은 물론 교수 및 학생도 피라미드, 매트릭스, 네트워크 조직의 각 단위를 넘는 넓은 관점에서 변화 양상을 볼 수 있어야 한다. 조직 변화의 관점에서 보면 대학은 보수적이라고 할 수 있다. 학생들이 졸업 후 진출하는 기업 조직에서는 이러한 변화가 이미 대학보다 앞서 이루어지고 있다.

전통적인 피라미드 조직에서 이루어지던 지시와 명령의 수직적인 커뮤니케이션 방식이 약화되고 제한될 수밖에 없는 여건에서 개인과 조직의 연결 고리는 갈수록 느슨해진다. 정도의 차이는 있겠지만, 구성원들은 받아들이기 어려운 혼돈과 역설을 경험하게 된다. 예컨대 직무의 경계는 모호해지는 반면 책임감은 커지는 어려운 상황을 경험하게 된 것이다.

크리스천 리더들은 이러한 혼돈과 역설에 방어적으로 저항하기보다는 오히려 이를 전략적인 관점에서 파악하여 역동적인 성장의 기회로 삼는 것이 중요하다. 전략(strategy)의 어원은 '장군, 군대의 지휘관'이라는 뜻의 고대 그리스어 '스트라테고스'(strategos)인데, 이는 "장군의 기술"을 뜻한다. 잠시 여유를 가지고 장군이 높은 고지에서 내려다보듯이 지금 변화의 흐름과 상황을 전략적으로 생각해 보도록 하자.

전략이 개인과 조직의 장기적인 수월성을 가능하게 하는 조건을 조성하는 것이라면, 의미는 그중 첫 번째 조건이 될 수 있다. 왜냐하면 개인적인 잠재력은 에너지를 발산할 수 있도록 개인의 혼돈과 역설의 상황을 일관된 의미로 정렬함으로써 최적화할 수 있기 때문이다. 의미를 통한 정렬 작업은 직업 생활을 넘어서 개인적인 삶과 사회적인 삶, 도덕적인 삶, 더 나아가서는 신앙적인 삶을 다룰 수 있기 때문이다.

또한 조직의 차원에서 볼 때 이러한 의미의 일관성은 집단적 노력을 구성하는 데 필수불가결한 요소다. 그것은 합의와 공동의 가치를 중심으로 팀과 조직 전체의 동기를 촉진하는 효과를 가져온다. 또한 공동의 노력에 대해 각 개인의 기여를 분명한 방식으로 명료화하면서 조직의 사명에 관해 소통하게 한다. 이처럼 의미의 일관화는 기본적으로 집단이나 기업의 통합적인 비전을 확립시켜 준다.[7]

그렇다면 의미는 실제 일터 생활에서 어떻게 나타나는가? 오랫동안 이 문제를 관찰해 온 레나르는 의미가 9단계 층위로 형성되어 있다고 다음과 같이 설명한다.[8]

7 피에르 앙젤, 홍성호 역,《코칭: 이론과 실행》, 성균관대학교출판부, 2012, p.36-37.

8 Vincent Lenhardt, *Coaching for Meaning*, Palgrave, 2004. p.75-77.

의미의 일관화를 위한 9단계 층위

- **1단계**_심리적 무의식, 감춰지고 억압된 공포의 장소(Psychological unconscious, site of hidden and repressed fears): 자신도 모르게 상사로부터 인정받기 위해서 혹은 아버지에게 받지 못한 인정을 얻기 위해 노력하는 단계

- **2단계**_심리적 의식, 희로애락과 같이 인지된 감정의 장소(Psychological conscious, site of perceived emotions-fear, joy, anger, sadness, site of grieving): 자기 팀이 최고가 되기 위해서 신속히 일하거나 혹은 상사의 명령에 저항하기 위해 천천히 일하는 단계

- **3단계**_사회적이거나 실행적인 층위(Social or operational level): 자신이 한 일이 실제로 이루어져 결과로 나타나는 단계

- **4단계**_일, 일과 관련한 영역 다툼(Job, theatre for job-associated territorial wars): 자신의 일을 회사 내의 다른 직무와 비교하여 가치를 부여하는 단계, 예컨대 생산 부서와 판매 부서를 비교하는 등의 단계

- **5단계_기관은 명확한 목표와 함께 비전을 갖고 있는가?**(Institution, is there a company vision with clear objectives?): 조직의 프로젝트를 시행하여 계약을 충족하고 자신의 생계를 확보하는 단계

- **6단계_환경적으로 문화적 변화가 일어나고 있는가?**(Environment, is a cultural change taking place?): 이전에 없던 새로운 기술을 도입하는 등의 과정을 통해 의미를 채우는 단계

- **7단계_메타 의미, 소명, 가치들**(Meta-meaning, vocation, values): 소명을 이루는 단계, 앞 장에서 땅을 파던 사람이 답했듯이 교회를 짓는 단계

- **8단계_권력과 개인의 사용 방법**(Power and the way the person uses it): 다른 사람들에게 앞선 모든 단계에서 선한 영향이나 악한 영향을 미치는 것으로 자기 행동의 의미를 발견하는 단계

- **9단계_개인의 정체성**(Identity of the person): 자신의 자아를 구축하고 개인으로서 자기 자신을 성취하는 단계

이 9단계 층위의 의미는 무의식의 차원에서부터 개인 정체성의 단계까지 폭넓게 형성되어 있지만 잠재되어 있으며, 때에 따라 특정한 단계에 초점이 맞춰진 모습으로 드러나게 된다. 다층적 의미가 정렬되는 것이 중요하다. 정렬될 때 불확실하거나 복합적인 상황에서도 일관된 행동을 할 수 있으며, 다른 사람들과 협업을 할 수 있고, 자신의 소명에 대한 효과적인 복무가 가능해진다.

그러나 다층적 의미가 여러 가지로 복잡하게 얽혀 있는 현실에서 단숨에 드러나는 것은 아니므로 레나르는 리더와 동반자가 나누어야 할 세 가지 층위의 질문들을 제안한다. 이 질문들은 "내용–과정–의미"의 3차원 통합을 지향하기 위한 것이다.

1) 내용 질문: 우리는 무엇을 하는가? 무엇을 결정하는가? 언제 어디서 누가 무엇을 하는가?
2) 과정 질문: 그것을 어떻게 할 것인가? 어떤 방법을 택하는가? 각자의 역할은 무엇인가?
3) 의미 질문: 목표가 무엇인가? 왜 거기에 도달해야 하는가? 누구를 위하여 행동하는가? 무엇이 중요한가? 무엇이 시급한가?

맥시마이즈

이렇게 내용–과정–의미에 관한 질문과 대답이 3차원으로 통합됨으로써 얻어지는 것은 무엇일까? 그것은 "의식의 고양"이다. 단순한 내용의 단계로부터 시작하여, 과정을 거쳐 의미에 이르기까지 의식 영역이 확장되는 것이다. 앞 장에서 보았듯이 기술과 콘텐츠는 전문가의 정체성에 연결된 것이고, 과정은 관리자의 정체성에, 그리고 의미는 리더의 정체성에 연결된 것이다. 이 정체성 개발 과정을 통해 의미와 목적에 입각한 유기적이면서도 지속적인 변화가 가능하게 된다.

예를 들어서 기술과 콘텐츠에 집중하는 **전문가**는 '과정 질문'을 통해 자기가 하는 일을 관리자처럼 과정의 연속선에서 이해할 수 있고, '의미 질문'을 통해 리더처럼 자기가 하는 일의 종국적인 결과와 목적을 생각해 볼 수 있다. 또한 프로세스를 담당하는 **관리자**는 '내용 질문'을 통해 전문가가 담당하는 기술과 콘텐츠를 깊이 파악할 수 있고, '의미 질문'을 통해 리더의 정체성을 경험해 볼 수 있다. 그런가 하면, **리더**는 '내용 질문'과 '과정 질문'을 통해 전문가와 관리자의 관점을 점검함으로써 산만해진 전략을 수정하고, 자칫 의미에 치우쳐 기술과 과정을 소홀히 하는 위험을 방지할 수 있다.

레나르는 이러한 3차원 통합 과정을 "메타 커뮤니케이션"이라 부른다. 통상적인 커뮤니케이션에 비해 이 메타 커뮤니케이션 속에서 화자는 다른 사람들과 소통하는 자신과 더 넓고 높은 관점에서 이 소통을 지켜보는 또 다른 자신의 이중적 위치를 갖게 된다.

> 서로를 보다 잘 이해하기 위해서는 때로 우리의 해석 틀로 부터 후퇴하여 거리를 둘 수 있어야 한다. 즉 커뮤니케이션 '안에' 있는 동시에 '그 너머의 입장'에 있어야 한다. 이로써 타인의 표현 방식과 커뮤니케이션이 진행되는 흐름에 주의 를 기울일 수 있는 넓은 관점 안에 있게 된다.[9]

레나르는 이러한 메타 커뮤니케이션을 신문 읽기에 비유한 다. 신문을 읽을 때, 기술된 사건과 더불어 이를 보도하는 매체의 정치적이거나 이데올로기적인 지향성에 유의해야 하는 것과 비슷하다는 것이다.

크리스천 리더가 일터에서 해야 할 일

이러한 메타 커뮤니케이션이 필요하게 된 것은 사람들의 역할이 수시로 바뀌고 있기 때문이다. 특히 조직원들은 의사 결정을 하고, 문제를 해결하고, 전략을 세우고 추진하는 등의

---

9 Vincent Lenhardt, *FAC Coaching*, Dunod, 2006, p.175.

전통적인 수직적 명령 체계 내의 역할을 수행해야 하는 동시에 해당 관련자들에게 의미 부여를 통해 책임 의식을 심어 주는 수평적인 파트너 역할도 해야 한다.

이 두 가지 다른 성격의 일은 충돌의 소지가 있다. 수직적 명령 체계 내에서의 일을 잘 수행하려면 때로 수평적인 파트너로서의 역할은 축소될 위험이 있고, 반대로 수평적 파트너로서의 역할에 충실하다 보면 수직적인 위계 체계에 의해 주어지는 일의 수행에 지장이 있을 수 있다. 이러한 딜레마를 해결하는 것은 조직 문화의 성숙에 달려 있고, 그만큼 리더의 역할이 중요하다.

조직 문화가 얼마나 성숙했느냐의 척도는 구성원들이 자기 정체성의 개발을 얼마큼 효과적으로 이루어 가는가에 달려 있다. 개인의 정체성이 개발되는 과정은 3단계, 즉 포함-통제-개방의 전반에서 나타난다. 동반자와의 관계를 통해 "내가 존재한다"라는 자기 확인 정서가 나타나고, 통제를 통해 "내가 담당한다"라는 책임감의 수준이 표현되며, 개방을 통해 "나는 의식한다"라는 의식의 수용성이 형성된다. 개방 공간에서 자기 가면이나 자기방어나 옹고집은 포기하게 되고, 공포나 욕구 등도 표현된다.

이 개방 공간은 의미 구성 공간이기도 하다. 여기에서 개인의 정체성이 억압받지 않고 발전한다. 실제로 동반 관계의 시작 단계에서 다루게 되는 정체성의 영역은 주로 조직과 직책 등 직업적 차원의 것이지만, 성숙한 조직 문화에서는 여기서 그치지 않고 보다 본질적인 상위 정체성의 단계, 즉 실존과 영성의 단계로까지 나아가도록 동행하게 된다. 직업적 정체성은 "중요한 것"이지만, 실존과 영적 정체성은 "본질적인 것"으로서 삶의 우선순위 등을 정할 수 있도록 하기 때문이다.

크리스천이 일터에서 해야 할 것은 담당한 일을 잘할 수 있도록 하는 것뿐만 아니라 다른 의미 층인 영적인 수준까지 관점을 확장하는 것이 중요하다. 그저 시키는 일만 잘하면 되는 시대는 지나가고 있다. 크리스천 리더들은 조직이 복합적으로 변화하고 관계의 연결이 약해지는 상황에서 신앙생활과 일터의 분리가 아니라 일터 현장에서도 의식의 고양과 함께 영적인 성장을 도모할 수 있는 길을 열어 가야 한다.

영적인 의미는 우리의 의식을 비춰 주는 빛과 같다. 교회와 일터, 그리고 가정에서 크리스천 리더들은 하나님이 밝혀 주시는 영적인 의미에 전략적인 우선순위를 두어서 견고히 확보하고 공유해야 한다. 모든 것이 불확실하고 늘 위기가 닥친 것 같은 이 시대가 역설적으로 그렇게 할 수 있는 여건을 제공하고 있다.

성찰 과제

1. 각 영역에서 지금까지 전문성을 가지고 일해 온 것의 의미를 세 가지 이상 기록해 보라.

  1) 직장에서 :

  2) 교회에서 :

  3) 가정에서 :

2. 장기적인 관점에서 새롭게 취득해야 할 전문성이 있다면 어떤 것인가를 생각해 보고, 이것이 왜 필요한가를 기록해 보라.

  1) 새롭게 취득하고 싶은 전문성 :

  2) 이 전문성이 필요한 이유 :

다음 발전 학습에서는 새로운 기술과 지식의 발전 양상을 크리스천은 어떤 관점에서 바라보아야 하는가를 함께 생각해 보고자 한다.

AI 조상 파스칼린, 데카르트와 파스칼의 대화

인공 지능 AI의 급속한 발전이 큰 관심을 끌고 있다. 수년 전에는 인간과 알파고의 바둑 대국이 큰 화제였는데, 지금은 그보다 활용도가 훨씬 더 큰 챗GPT(ChatGPT) 등 생성형 AI의 등장이 인간의 삶과 미래에 큰 변화를 가져올 것으로 기대되고 있다.

자신의 관점이 아닌 하나님의 관점으로 바라보는 크리스천은 인공 지능을 비롯한 기술의 발전을 어떻게 대해야 할까? 이 질문에 답하려면, 먼저 하나님이 무엇을 하고 계시는가를 알아야 한다. 성경은 이렇게 말한다.

"내가 만물을 새롭게 하노라"(계 21:5).

영어 성경(NIV)은 이 구절을 "I am making everything new!"라는 현재 진행형으로 표현하고 있다. 하나님은 창세기에서 모든 만물을 창조하신 것으로 일을 마치신 것이 아니라 지금도 계속해서 만물을 새롭게 하고 계시다는 것이다. 예수님도 "내 아버지께서 이제까지 일하시니 나도 일한다"(요 5:17)라고 말씀하신 바 있다. 당연히 우리도 새롭게 하시는 하나님의 일에 동참해야 한다. 그러므로 크리스천은 기술의 발전과 새로운 변화에 열린 마음으로 반응하며 적극적으로 활용하는 자세를 가져야 한다.

다만 기술의 발전이 새로운 인간으로의 진화를 만들 것이라는 등의 과장은 경계해야 할 것이다. 우리는 앞에서 전문가, 관리자, 리더의 정체성이 각기 다른 담당 역할과 의문사를 품고 있다는 것을 보았다. 현재 상황에서 챗GPT로 대표되는 인공 지능은 데이터로 수집된 전문가의 기술과 콘텐츠는 물론이고, 관리자가 담당하는 프로세스에 대해서도 상당 부분 개인의 능력을 넘어서고 있는 것으로 보인다. 실제로 활용하면서 놀라운 경험을 한다. 그러나 세 가지 정체성 중에서 리더가 담당하는 전략과 의미, "왜?"라는 질문에는 근본적인 한계를 가지고 있다.

일례로, "Why?" 의문사를 넣어 "너는 오늘 왜 일하니?" (Why do you work today? Answer me)라고 질문했더니 아래와 같이 대답하는 것을 보았다.

AI 언어 모델로서 나는 인간처럼 개인적인 욕망이나 동기나 감정이 없습니다. 나는 정보를 제공하고 작업을 지원하며 대화에 참여하도록 설계된 OpenAI에서 만든 프로그램입니다. 내 "일"은 단순히 내가 받은 입력을 기반으로 응답을 처리하고 생성한 결과입니다.

As an AI language model, I don't have personal desires, motivations, or emotions like humans do. I am a program created by OpenAI designed to provide information, assist with tasks, and engage in conversations. My "work" is simply a result of processing and generating responses based on the input I receive.

챗GPT는 결국 자신은 입력(input)한 대로 출력(output)하여 결괏값을 내는 기계일 뿐임을 시인한 셈이다. 즉 인간과는 거리가 멀다는 것이다. 그러므로 앞에서 보았듯이 땅을 파고 있는 사람에게 무엇을 하고 있느냐고 물었을 때 나온 "나는 교회를 짓고 있습니다"라는 식의 목적과 의미가 담긴 답을 AI에게서는 기대할 수 없다.

인공 지능 발전의 역사를 따라가면, 블레즈 파스칼(Blaise Pascal)이 만든 파스칼린(pascaline)이 등장한다. 그 이전으로 거슬러 올라가기도 하지만, 기계의 실물이 제작되어 활용된 수준을 생각하면 파스칼린이 실질적인 조상이라고 할 수 있다.

파스칼은 파스칼린을 "왜" 만들었을까? 세무 관리였던 아버지에게 도움이 될 계산기를 만들어 드리고 싶었기 때문이다. 그 이상도 그 이하도 아니다. 기술의 발전과 활용은 앞으로도 끝없이 계속될 것이고, 바람직한 일이다. 다만 파스칼의 의도처럼 어떤 일에 도움이 되고자 하는 의미와 목적에 제한받는 상황은 변하지 않을 것이다.

결국, 크리스천 리더의 가장 중요한 전략은 만물을 새롭게 하시는 하나님과 더욱 친밀해지는 것을 제1 과제로 삼고, 그러한 관점에서 끝없는 혁신으로 이어지는 기술의 발전을 주도하는 것이다.

근대 지성의 대표라고 할 수 있는 르네 데카르트(René Descartes)와 블레즈 파스칼의 하나님에 대한 관점의 차이는 크리스천에게 몇 가지 시사점을 제공한다. 데카르트와 파스칼의 출생 연도는 각기 1596년과 1623년이고, 나이가 많은 데카르트가 젊은 파스칼을 불편하게 여겼다는 이야기가 있다. 1647년에 만난 적이 있는 두 사람의 가상 대화를 바탕으로 연극이 만들어졌는데, 하나님에 관한 대화 부분은 주목할 만하기에 다음에 간략히 소개한다.[10]

---

10 Jeanne Pois-Fournier, "사상의 정상에서(Au sommet de la pensée)", *Zone critique: redre la culture vivante*, 2015. 5. 4.

- 데카르트: 우리는 하나님을 같은 눈으로 보고 있지 않은 것 같네.
- 파스칼: 저는 선생님이 하나님을 추론하는 것이지 보고 있지 않다고 생각합니다. 당신에게 하나님은 어떤 원리 같은 것이지만, 나에게는 따스한 온기입니다. 당신은 하나님을 생각하지만, 나는 하나님을 느낍니다. 바로 이것이 차이입니다.

데카르트의 합리주의는 근대 과학 기술 발전의 초석이 되었지만, 하나님도 합리주의적 추론의 관점에서 이해할 수 있을까? 하나님을 이성적인 분석과 사유의 대상으로 삼는 데카르트와 하나님을 따뜻한 체온처럼 온기로 느끼는 파스칼 중에서 당신은 어느 편에 가까운가? 하나님을 가까이 느끼며 살고 있다면, 하나님의 관점을 굳이 택하고 말고 할 필요가 없다. 기쁨과 평안으로 하나님의 뜻을 이미 삶 속에 살아내고 있을 것이기 때문이다.

파스칼은 《팡세》를 통해 이성의 마지막 단계는 이성을 뛰어넘는 무한한 것들이 있음을 인정하는 것이라고 했다. 기술이 끝없는 혁신을 통해 세상에 큰 변화를 준다고 해도 두려워할 필요가 없다. 하나님의 관점에서 넉넉히 통제할 수 있고, 만물을 새롭게 하시는 하나님의 사역에 적극 활용하면 된다.

맥시마이즈
Maximize

맥시마이즈

크리스천 리더가

자신의 관점에서

세상과 현실을 바라보지 않고

하나님의 관점으로 전환한다면

놀라운 은혜와 결실을

체험할 수 있다.

PART 4

성과

목표를 통해
현실을 보라

$\mathcal{Q}$

**상황을 넘어서는
탁월한 성과는
어떻게 창출되는가?**

1
GROW 코칭 모델

"상황을 넘어서는 탁월한 성과는 어떻게 창출하는가?" 여러분은 이 질문에 어떻게 답하겠는가? 성경은 "무슨 일을 하든지 마음을 다하여 주께 하듯 하고 사람에게 하듯 하지 말라"(골 3:23)라고 말한다. 나는 이 말씀이야말로 세상 어떤 기준보다도 탁월한 성과를 내는 원동력이라고 생각한다.

교회나 가정이나 일터에서 하는 모든 일을 주께 하듯이 하면 그곳이 바로 하나님이 다스리시는 천국이 되고, 기대를 넘어서는 성과를 경험할 수 있다. 하늘이 땅보다 높듯이 하나님의 생각과 길은 우리의 생각과 길보다 높다(사 55:9). 다른 말로 하면 하나님의 생각과 길은 우리의 생각과 길에 비추어 보면 현실적이지 않을 수 있다는 것이다.

여기서 소개하는 GROW 코칭 모델은 현실에서 목표를 설정하는 것이 아니라 목표로부터 현실을 보는 것이다. 따라서 때로 이해가 되지 않더라도 하나님의 높으신 뜻에 따라 목표를 설정한다면, 현실을 대하는 크리스천 리더들이 이것을 효과적으로 활용할 수 있다.

존 휘트모어(John Whitmore)의 GROW 코칭 모델은 지금까지 소개한 세 가지 모델보다 더 널리 알려진 모델이다. 그래서 관련한 책이 국내에도 개정판으로 번역 출간되었다.[1] 휘트모어는 코치란 용어를 리더와 코치 모두를 지칭하는 말로 사용한다. 독자들이 특별한 노력 없이도 적용해 볼 수 있도록 이 책에 담긴 기본적인 원리와 4단계 진행에 필요한 자료들을 되도록 상세하게 제시하고자 한다.

GROW 코칭 모델의 가장 큰 특징은 흔히 하듯이 현실에서 목표를 도출하는 것이 아니라 목표를 먼저 설정한 후에 현실을 파악한다는 점이다. 즉 현실을 통해 목표를 보는 것이 아니라 목표를 통해 현실을 보라는 것이다. 도표로 보면 다음과 같다(131쪽).

휘트모어가 주장한 코칭 모델은 왜 이처럼 역진(逆進) 프로세스 방식으로 진행하는 것일까? 이 모델의 유익과 효과는 무

---

1   존 휘트모어, 김영순 역, 《성과 향상을 위한 코칭 리더십》, 김영사 2019, p.20.

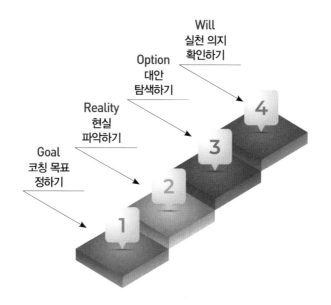

엇이며, 이를 어떻게 적용해야 리더가 최상의 효과를 줄 수 있을까?

목표를 통해 현실을 보는 프로세스가 필요한 이유를 휘트모어는 이렇게 설명한다.[2]

현실을 점검하기 전에 목표를 정하는 것이 이상하게 보일 것이다. 목표를 정하려면 현실을 알아야 하기 때문에 순서가 바뀌었다고 생각할지 모르지만 그렇지 않다. 오로지 현실에만 기초한 목표는 부정적이고, 대응적이기 쉽다. 또한

2　같은 책, p.146.

과거의 성과에 의해 제한받고, 단순한 외연 확대로 인해 창
의성이 결여되고, 잠재 능력을 제대로 반영하지 못하고, 심
지어 역효과를 낼 수도 있다. … 나의 경험에서 보건대, 조
직은 항상 미래의 가능성보다는 과거의 성과를 바탕으로
목표를 정한다. 대부분의 경우 그들은 미래의 가능성을 생
각하려 들지 않는다.

목표를 통해 현실을 보는 이러한 프로세스는 진정한 성과
는 기대를 넘어서는 것이라는 휘트모어의 문제 틀을 과정으
로 실현하는 것이다. 실제로 이 프로세스의 장점은 이미 주어
진 상황 중심의 판단에서는 묻힐 수밖에 없는 창의성과 잠재
능력이 개발될 수 있다는 점이다. 사람들은 흔히 미래의 가능
성보다는 과거의 성과에 기초하여 목표를 정함으로써 잠재된
가능성을 제한하기 쉽다. 반면에 미래의 목표로부터 시작하
여 현재를 바라볼 때 자극을 받게 마련인 것이다. 휘트모어는
또한 다음과 같이 강조한다.

이상적인 장기적 해결 방안의 토대 위에 목표를 세우고, 그
다음에 그에 따른 현실적인 중단기 목표를 정해야 사람들
은 자극을 받고, 창의력을 발휘하고, 의욕을 갖는다.

이러한 과정에서 중요한 것은 최종 목표와 실행 목표와 목표 소유권을 분명히 하며, 판단을 구하는 진술보다는 서술적인 현상 진술을 적극적으로 촉진하는 것이다. 또한 선택 가능한 대안의 숫자를 극대화하고, "무엇을 실행하겠는가?"라는 질문을 중심으로 과거의 잘못이 아닌 미래의 가능성에 초점을 맞추어야 한다.

요약하면, 리더가 이 GROW 코칭 모델을 사용하여 동반자와 함께 선제적으로 목표를 설정하게 되면 아래와 같은 세 가지를 기대할 수 있다.

1) 선택 가능한 대안의 숫자를 극대화할 수 있고,
2) "무엇을 실행하겠는가?"라는 질문을 중심으로 과거의 잘못이 아닌 미래의 가능성에 초점을 맞춰서 인생의 가치와 사명에 충실하게 행동할 수 있으며,
3) 결과적으로 그저 그런 삶이 아닌 기대를 넘어서는 인생을 살 수 있다.

이 세 가지 장점은 평범한 크리스천 리더들에게도 꼭 필요한 것이라고 생각한다. 교회 공동체나 사역 단위에서 중추적역할을 하는 많은 리더들이 가정과 일터에서 성실한 삶을 살지만, 역동적인 목표를 갖지 못한 채 현상 유지에만 급급하다

가 믿음의 활력을 잃는 모습을 보곤 한다. 안개 인생에서 하나님의 상속자로 거듭난 삶이 일상에 시달리다가 그저 그런 삶으로 마친다면 안타까운 일이 아닐 수 없다. 무슨 일을 하든지 주께 하는 그 열정으로 다시 한번 마음에 감동이 있는 새로운 목표를 찾아서 하나님의 인도를 받아 기대를 넘어서는 인생을 살아야 한다.

잠재력을 일깨워 성장을 도우라

다음에 소개하는 GROW 코칭 모델 프로세스는 기본적으로 리더가 동료나 가족들을 그저 그런 삶에서 기대를 넘어서는 인생으로 도약하게 하는 동반 과정이다. 일회성으로 할 수도 있지만, 일정 기간 수차례에 걸쳐 진행할 수 있다. 또한 다른 사람이 아닌 자기 자신을 향해서도 동일한 태도와 질문으로 셀프 코칭을 할 수 있다. 중요한 것은 자기 자신이나 상대 동반자를 훨씬 더 잘해 낼 수 있는 가능성의 대상으로 보는 것이 중요하다.

개인적인 경험에 비추어 아직 한국에서는 부모와 자식 간에 세대 차이가 크기는 하지만, 서로를 성장의 잠재력을 지닌 돕고 싶은 상대로 여기고 있다고 생각한다. 대학에서 한 학기

동안 리더십 과목을 통해 코칭을 배운 학생들에게 누구에게 이 내용을 전하고 싶은가를 물으면, 아버지라는 대답을 많이 듣는다. 왜 그렇게 생각하는가를 물어보면, 지금보다 더 잘하실 수 있는 잠재력이 있는데 안타까운 마음이 든다는 것이다. 반대로 코칭 동반자 과정을 함께 한 경영자들은 자녀들을 바라보는 관점이 일방적인 교육의 대상에서 잠재력을 일깨워 성장을 도와줘야 할 파트너로 바뀌는 것을 본다. 여러분도 함께하고 싶은 구체적인 대상을 그리면서 아래 프로세스를 살펴보는 것이 흥미도 있고 적용에 용이할 것이다.

먼저, GROW 코칭 모델 프로세스를 요약하고, 이어서 단계별 진행을 안내하고자 한다.

1) GROW 코칭 모델 프로세스 요약

코칭 질문은 다음과 같은 순서를 따르는 것이 좋다.

- 1단계: G – 코칭의 단기 및 장기 목표(Goal) 설정
- 2단계: R – 현재 상황을 파악하는 현실(Reality), 즉 현상 확인
- 3단계: O – 가능한 대안(Option)과 다른 전략 혹은 행동 파악
- 4단계: W – 언제(When), 누구에 의해(Whom), 무엇(What)이 행해지는가, 그것을 하겠다는 실천 의지(Will) 확인

2) GROW 코칭 모델 프로세스 진행하기

[G] 1단계 - 코칭 목표 정하기(Goal setting)

1) 이 단계에서 이루어져야 할 것들
- 코칭에서 논의할 주제에 합의한다.
- 코칭의 구체적 목표를 확인한다.
- 코칭을 통해 궁극적으로 기대하는 성과를 명확히 한다.
- 필요하다면 코칭 주제에 맞추어 장단기 목표를 설정한다.

2) 코칭 Tips
- 동반자가 내놓은 문제들에 대해 진심으로 경청하고 공감함으로써 코치-동반자 간에 친밀감과 신뢰감을 형성한다.
- 동반자 스스로 변화의 목표점을 구체적으로 묘사하도록 하여 동기를 부여한다.
- 코치가 이해한 코칭의 목표를 반드시 동반자에게 재확인하여 동의를 구한다.
- 여러 가지 문제들이 동시에 제기될 때는 우선순위를 정하게 한다.
- 목표는 혼자 정하는 것이 아니라 함께 정하는 것임을 주지시킨다.

3) 이 단계에서 유용한 질문

- 오늘 무엇을 이야기하고 싶습니까?
- 오늘은 어떤 주제에 관해 말하고 싶습니까?
- 이번 프로젝트에서 바라는 것은 무엇입니까?
- 이번 회합에서 당신이 이루고 싶은 것은 무엇입니까?
- 우리가 이 대화를 끝마쳤을 때, 어떤 성과를 얻고 싶습니까?
- 아직 일어나진 않았지만 일어나길 바라는 것은 무엇이며, 현재 일어나고 있지만 일어나지 않기를 바라는 것은 무엇입니까?
- 지금 말씀하신 것들 중 가장 중요한 것은 무엇입니까?

[R] 2단계 - 현실 파악하기(Reality)

1) 이 단계에서 이루어져야 할 것들

- 코칭의 주제와 관련된 요소들을 구체적으로 파악한다.
- 사례와 사실들을 수집하고, 동반자의 핵심 니즈를 파악한다.
- 동반자가 자신을 둘러싼 환경에 대해 객관적으로 인식한다.
- 현재 보유하고 있는 자원들을 점검하고, 목표 달성에 필

요한 자원이 무엇인지 검토한다.

- 1단계에서 확립된 목표가 수정될 수 있다.

2) 코칭 Tips

- 동반자의 경험에 공감하고 긍정적으로 반응한다.
- 코칭 주제에 관한 정보를 수집하고, 사건들의 관련성을 파악한다.
- 동반자 내면의 욕구, 가치관, 비전의 문제를 심도 있게 다룬다.
- 코칭 주제를 둘러싼 요소들에 대하여 마인드 매핑(Mind mapping)을 한다.
- 여러 가지 사실 중 무엇에 초점을 맞출 것(Focusing)인지 결정한다.
- 관련 없는 과거사는 폐기하고, 비현실적인 가정은 회피한다.
- 코칭은 미래 지향적인 것임을 기억시킨다.

3) 이 단계에서 유용한 질문

- 그 사실에 대해 당신은 어떻게 느끼셨나요?
- 그런 일이 얼마나 자주 있습니까?
- 그 문제를 해결하기 위해 무엇을 시도해 보았습니까?

- 그것과 관련된 어려움은 무엇입니까?
- 그 부분에 대해 좀 더 자세히 설명해 주시겠습니까?
- 그것은 어떤 영향을 미칩니까?
- 당신에게 더 중요한 것은 무엇입니까?
- 당신이 진심으로 원하는 것은 무엇입니까?
- 그러한 생각(행동)은 당신의 가치관(비전)과 부합합니까?

[O] 3단계 - 대안 탐색하기(Options)

1) 이 단계에서 이루어져야 할 것들
- 현재 보유하고 있는 자원들을 점검하고, 목표 달성에 필요한 자원이 무엇인지 검토한다.
- 동반자로 하여금 모든 가능한 대안을 제시할 수 있도록 촉진한다.
- 대안을 행동으로 옮길 구체적인 계획을 수립한다.
- 실행 계획의 우선순위를 정한다.
- 향후 예상되는, 혹은 기존의 장애물은 무엇인지 확인한다.

2) 코칭 Tips
- 더 많은 아이디어가 나올 수 있도록 다양한 코칭 질문을 활용한다.

- 동반자가 가진 물적 자원뿐 아니라 심적, 인적 자원들의 중요성도 인식시킨다.
- 코칭 주제에 대하여 동반자의 강점, 약점, 위기, 기회를 분석한다.
- 행동 계획은 SMART 원칙[3]에 입각하여 세운다.
- 정형화된 대안에 집착하지 않도록 창의적인 실행을 격려한다.

3) 이 단계에서 유용한 질문

- 당신이 상황을 변화시키기 위해 할 수 있는 것은 어떤 것들입니까?
- 이 상황에서 당신이 가장 먼저 취해야 할 행동은 무엇입니까?
- 그것을 어떤 방법으로 실행에 옮길 수 있습니까?
- 당신이 하고자 하는 행동의 모든 가능성을 말해 보겠습니까?
- 당신은 어떤 대안을 가장 좋아하십니까?
- 각 대안에 대한 당신의 관심도와 실용성을 1점에서 10점까지 평가해 보겠습니까? 이들 대안의 혜택과 함정

---

3   Specific(구체적인) Measurable(측정할 수 있는) Attainable(도달할 수 있는) Realistic(현실성이 있는) Timely(기한이 있는)

은 무엇입니까?

- 버려야 할 것과 계속할 것은 무엇입니까?
- 도움을 청할 사람이 있습니까?

[W] 4단계 - 실천 의지 확인하기(Will)

1) 이 단계에서 이루어져야 할 것들
- 행동 계획을 실행에 옮길 수 있도록 동반자의 에너지를 최대한 고양시키며, 실천 의지를 북돋는다.
- 동반자의 실행에 관해 예상되는 장애 요소를 떠올리고 대처할 방법을 모색한다.
- 실행 계획에 관하여 코치의 피드백 방법과 다음 세션에 관한 구체적인 일정을 합의한다.
- 동반자로 하여금 코칭의 전 과정을 마무리하게 한다.

2) 코칭 Tips
- 행동 실행에 대하여 코치는 강력하게 지원할 것임을 확인시킨다.
- 계획을 실행에 옮겼을 때 받을 자기 보상 시스템을 마련한다.
- 변화된 행동에는 새로운 장애물이 등장할 수 있음을 인

식시킨다.

- 행동 실행 과정에서 파트너로서 코치의 역할을 강조한다.

3) 이 단계에서 유용한 질문

- 당신이 이 계획을 성공적으로 실행했다는 것을 코치가 어떻게 알 수 있습니까?
- 이 계획을 성공시키기 위해 필요한 코치의 도움은 무엇입니까?
- 실행에 있어 방해(장애물)가 될 만한 것은 무엇입니까?
- 이 일을 달성하고 나면 자신에게 어떤 보상을 하시겠습니까?
- 오늘의 코칭 세션을 간단히 요약해 주시겠습니까?
- 마무리하면서 새롭게 생각나는 것이 있다면?

4단계 프로세스를 반드시 지켜야 하는 것은 아니지만, 방향성을 갖게 하고 코칭을 중단했다가 재개할 때 참조점을 따라 재개할 수 있는 유익이 있다. 다른 사람이 아닌 자기 자신을 대상으로 셀프 코칭을 할 때는 위 순서에 따라 기록하면서 진행하면 좋은 결실을 얻을 수 있다.

맥시마이즈

2
강력한 선제 목표가 중요하다

이번 장에서는 GROW 코칭 모델 프로세스를 진행할 때, 목표를 도면으로 확인해 볼 수 있도록 마인드맵을 작성해 보도록 하자. 다음 도표(144쪽)에서 X축은 시간 선이고, Y축은 가치 선이다. 이를 기준으로 사분면이 생긴다. 과거의 긍지와 미래의 도전 영역은 긍정이고, 과거의 후회와 미래의 염려 영역은 부정이다. 사분면 안에 대표적으로 적을 수 있는 것 한 가지를 기록해 보도록 하자.

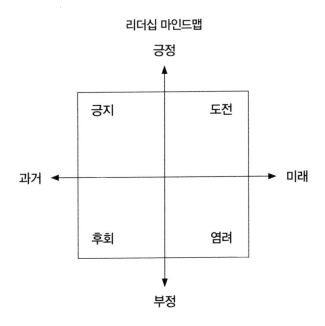

리더십 마인드맵

긍정

| 긍지 | 도전 |

과거 ← → 미래

| 후회 | 염려 |

부정

　도전 영역에 기록할 수 있는 것 중에 도면 전체를 압도할 만한 목표를 선제 목표라고 한다. 선제 목표는 현실과 상관없이 강력한 소망이나 믿음에서 주어지는 것이기 때문에, 현실을 보완하기 위한 대응 목표와 비교된다. 주께 하듯 일하고 주께 받고 싶은 것을 기록한다면, 그것이 강력한 선제 목표가 될 수 있다.

　바울의 마인드맵을 한번 그려 보자. 그는 "푯대를 향하여 그리스도 예수 안에서 하나님이 위에서 부르신 부름의 상을 위하여 달려가노라"(빌 3:14)라고 말했다. "푯대"는 곧 목표(Goal)인데, 미래의 긍정 영역인 도전에 해당하는 선제 목표라고 할 수 있다. 바울이 "하나님이 위에서 부르신 부름의 상"이라는 목표를 위해서 그의 모든 삶이 영향을 받고 정렬될 것이기 때문이다.

앞서 GROW 코칭 모델 프로세스에 필요한 요소들을 살펴보았는데, 가장 중요한 것은 강력한 선제 목표를 세우는 것이다. 이는 짧은 시간에 큰 변화를 촉진할 수 있다.

지금은 소천하신 어머니께 마인드맵을 염두에 두고 여쭤본 적이 있다.

"어머니는 천국에 가서 하나님을 만나면 어떤 상을 받고 싶으세요? 예컨대 우등상이나 개근상 같은 상이 있지 않겠어요?"

어머니는 단번에 순종 상을 받고 싶다고 하셨다. 그 말씀을 듣고 나도 큰 자극을 받았다. 나는 순종 상은 생각하지 못했다. 순종이 제사보다 낫다는 말씀처럼(삼상 15:22) 하나님께 순종 상을 받는다면, 그야말로 최고상이 아니겠는가? 생각만 해도 감격스러운 일이다.

여러분도 가족이나 동료들과 함께 대화를 나누며 강력한 선제 목표를 세워 보길 바란다. 하나님이 "너희 말이 내 귀에 들린 대로 내가 너희에게 행하리니"(민 14:28)라고 말씀하셨으니 그 말씀대로 이루실 것을 믿는다.

바울의 마인드맵을 다시 한번 들여다보자. 바울의 과거의 긍정적인 영역에는 어떤 것을 넣을 수 있을까?

"내가 그리스도 안에 있는 한 사람을 아노니 그는 십사 년 전에 셋째 하늘에 이끌려 간 자라(그가 몸 안에 있었는지 몸 밖에 있었는지 나는 모르거니와 하나님은 아시느니라) … 그가 낙원으로 이끌려 가서 말할 수 없는 말을 들었으니 사람이 가히 이르지 못할 말이로다"(고후 12:2, 4).

바울은 셋째 하늘에까지 이끌려 올라가 사람이 할 수 없는 말을 들은 사람에 관해 말한다. 흥미로운 것은 앞뒤 내용으로 볼 때, 그 사람이 바로 바울 자신인데, 그는 "그"라는 3인칭을 사용한다. 이렇게 자기 자신을 3인칭으로 객관화하여 볼 수 있는 것이 셀프 코칭이다. 이런 마인드맵의 바탕에서 바울은 "내가 거기 갔다가 후에 로마도 보아야 하리라"(행 19:21)라는 강력한 목표를 가졌고, 하나님은 죄수선이라는 예상하지 못한 옵션을 통해 그 소원을 이루어 주셨다(행 27장).

여러분도 미래의 긍정적인 영역에 선제 목표를 적은 후에 과거의 긍정적인 영역에 지금까지 경험했던 최고의 순간을 기록해 보자. 당신 삶이 한눈에 입체적인 가능성과 활력을 갖게 되는 것을 보게 될 것이다. 그리고 놀라운 것은 지금까지 문득문득 괴롭히던 미래의 부정적인 영역의 염려와 과거의 부정적인 영역인 후회 같은 것들이 힘을 잃게 되는 것을 경험할 것이다.

맥시마이즈

삶의 수레바퀴 진단

마인드맵은 아래에 제시한 삶의 수레바퀴 점검을 통해 실제 삶의 성찰과 개선으로 이어질 필요가 있다. 마인드맵의 역동적 변화가 삶의 수레바퀴 중심축에 전해지는 총체적인 변화를 경험하게 된다.

아래 8개 부문에 각기 최하 0점부터 최고 10점까지 스스로 평점을 매긴 후 원에 표시하고 그 점을 서로 이어 수레바퀴를 만들어 보라(믿음 생활은 바퀴를 돌리는 중심축 역할을 한다).

삶의 수레바퀴(Life Wheel Balance)

1) 점수가 낮은 분야는 어떤 것이며, 그 원인은 무엇인가?

2) 개선하고 싶은 영역의 구체적인 문제는 무엇인가?

　강력한 선제 목표가 잘 이루어지려면 중간에 어떤 옵션으로 과정이 진행되든지 간에 삶의 수레바퀴가 부응하여 잘 굴러가야 한다. 위의 두 질문을 통해 때때로 전반적인 점검을 할 필요가 있다.

반드시 제거해야 하는 한 가지

휘트모어가 코칭을 시작하면서 가장 큰 영향을 받았다고 고백하는 학습 방법은 티모시 겔웨이(Timothy Gallwey)의 이너 게임(Inner Game)이다. 겔웨이는 하버드대 교육학자이자 테니스 전문가로서 《테니스 이너 게임》(푸른물고기, 2010)이라는 첫 저작 이후 《이너게임》(가을여행, 2019), 《이너 스키》(Inner Skiing), 《골프의 이너 게임》(Inner Game of Golf), 《음악의 이너 게임》(Inner Game of Music) 등을 출간했다. '이너'는 선수의 심리적 상태를 가리키며, '머릿속의 적이 네트 저편의 적보다 더 무섭다'는 것이 핵심 진단이다.

이너 게임의 가장 큰 교훈은 이기기 위해 하는 게임보다 배우기 위해 하는 게임이 더 좋은 게임이라는 것이다. 배우기 위한 게임이 더 즐겁고, 결과적으로 게임 성적도 훨씬 좋다는 것이다. 이를 위해서 코치가 할 일은 가르치기보다는 개인의 잠재력을 일깨우고 장애물을 제거하여 스스로 배우도록 도와주는 것이다.

휘트모어는 이와 같은 이너 게임의 원리에 기반하여 코칭의 핵심 방법을 아래와 같은 공식으로 소개한다.

$$성과 \quad = \quad 잠재\ 능력 \quad - \quad 방해\ 요소$$
$$P(Performance) \ = \ p(potential) \ - \ i(interference)$$

이너 게임과 성과 코칭은 위의 공식처럼 잠재 능력(p)을 높이고 방해 요소(i)를 줄임으로써 성과(P) 향상에 초점을 맞춘다. 방해 요소가 무엇인가는 각자 다를 수 있다.

이너 게임에서는 내면의 자아를 둘로 나눈다. 평가자 역할을 하는 셀프1과 잠재력을 가진 셀프2로 나누고, 셀프2를 일일이 간섭하는 셀프1을 방해 요소로 여긴다. 외부의 가르침이 셀프1으로 내재화된 것이고, 셀프2는 천부적인 잠재 역량이다. 셀프1의 지나친 통제는 자신감을 약화시키고, 자연스러운 학습 프로세스가 일어나는 것을 방해하는 결과를 가져온다. 셀프1이 조용히 있고 셀프2가 집중된 상태에서 공을 칠수 있을 때 플레이어가 능력을 최고로 발휘한다는 것이다. 이너 게임의 이러한 주장은 테니스를 비롯한 운동 경기와 기업에서도 실제 영향력을 발휘하고 있다.

나는 이 공식을 더 폭넓게 활용하여 전체 삶에 악영향을 미치는 바로 그 한 가지를 찾아서 제거하는 것으로 잠재 능력의 발현을 극대화할 수 있다고 생각한다. 전체 삶에 신선한 영향을 미치는 선제 목표가 있듯이, 전체 삶에 악영향을 미치는, 제거하고 싶은 한 가지가 있기 마련이다. 특별히 우리 삶이 안개 인생에서 하나님의 상속자로 거듭나서 리더로 성장할 때, 가장 장애가 되는 것은 무엇인가?

여러분도 그 한 가지를 찾아 제거해 버리고, 홀가분하게 떠나기를 바란다. 전체 삶에 악영향을 미치는 그 한 가지를 어떻게 찾아낼 수 있는가? 실천을 못 했을 뿐이지, 이미 마음속에 알고 있는 경우도 많다. 그것이 얼마나 악영향을 미치고 있는가를 알려면 앞에서 본 마인드맵과 삶의 수레바퀴를 점검하면 된다.

우선 마인드맵에서 어떻게 분별하는가를 살펴보자.

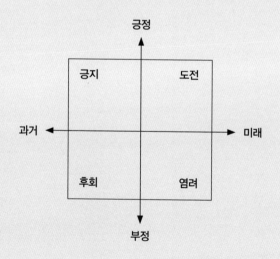

선제 목표는 미래의 긍정적인 영역으로 쭉 뻗어 올라가는 것이다. 바울이 "로마"로 가기 위해 소망하는 것(행 19:21)과 "하나님이 위에서 부르신 부름의 상"(빌 3:14)을 위하여 달려가는 것이 곧 선제 목표라고 서술한 바 있다. 그렇다면 반드시 제거해야 할 한 가지는 이와 대각선 방향에 있는 과거의 부정적인 영역인 후회에서 최악의 지점들을 살펴보면 된다. 후회막심의 사안들, 눈물로 회개한 사안들에 가장 큰 영향을 미친 것이 무엇인가? 지금 그 지점들을 찾아보자. 그리고 선제 목표를 강력히 설정하듯이 그것들을 단호하게 제거해 보자. 마인드맵이 살아나는 것을 느낄 수 있다. 시큰둥하게 바라보던 미래의 긍정적인 영역에 화살표가 치솟듯이 마음에 방향성을 갖게 되는 것을 느낄 수 있다.

여러분이 제거하고 싶은 한 가지를 찾는 동안 나의 경우를 사례로 들어보겠다. 나에게는 바로 술 취함(롬 13:13)이 반드시 제거해야 할 한 가지였다. 성경은 말한다.

"낮에와 같이 단정히 행하고 방탕하거나 술 취하지 말며 음란하거나 호색하지 말며 다투거나 시기하지 말고"(롬 13:13).

술에 취하면 자연스럽게 방탕하게 되고, 음란해지며 쟁투하게 된다. 이 흐름이 그토록 오래전부터 정형화된 길이었다

맥시마이즈

는 사실이 신기하기만 하다. 나는 술자리에서 맨 뒤에 남는 사람에 속했기에 성령 세례를 받고 돌아온 후 가장 큰 고민이 술을 어떻게 해야 하는가일 정도였다.

새천년을 맞기 전 1999년 마지막 날, 온누리교회의 고(故) 하용조 목사님이 설교 중에 "술을 끊으세요"라고 하셨는데, 그것이 나를 지명해서 하신 말씀으로 여겨져 일단 1년을 금주했다. 1년 금주는 성공했지만, 그 이후에 옛 습관으로 되돌아갔다. 결국, 2005년에 들어서야 친가와 외가로부터 오랫동안 이어져 온 술 친화적 문화를 벗어나 완전 금주를 하게 되었다.

반드시 제거해야 할 한 가지를 제거하고 난 후의 효과는 무엇인가? 술을 마시지 않고도 즐겁게 살 수 있다는 것을 깨달았다. 술 취함과는 비교되지 않는 차원의 일상의 기쁨이 있다는 것을 비로소 알았다. 그리고 마음의 소망과 목표가 되살아났다. 돌이켜 보면 내 마인드맵 과거의 부정적인 영역 중 상당 부분이 술 취함 중에 있었고, 그런 상시 위험에서 벗어난 것이 얼마나 감사한지 모른다.

이제 여러분도 제거하고 싶은 한 가지를 정해서 다음 빈칸에 써넣어 보자. 그 한 가지를 확실하게 빼기 위해 오늘 취할 수 있는 행동은 무엇인가? 이 또한 기록해 보자. 나는 수년에 걸쳐서 쉽지 않게 그 한 가지를 제거했지만, 여러분은 더 효과적으로 단번에 빼 버리기를 바란다. 제거하고 싶은 한 가지를 기록한 것을 읽으며 하나님의 도움을 간절히 바라며 기도하자. 그리고 오늘 첫걸음을 내딛자.

- 반드시 제거해야 할 한 가지는 무엇인가?

  _____

- 왜 제거해야 하는가?

  _____

- 제거했을 경우 어떤 효과를 기대하는가?

  _____

- 제거하기 위해 오늘 취해야 할 구체적인 행동 한 가지를 써 보자.

  _____

맥시마이즈
Maximize

맥시마이즈

"무슨 일을 하든지

마음을 다하여 주께 하듯"

하는 것이야말로

세상 어떤 기준보다도

탁월한 성과를 내는 원동력이다.

영원한 기쁨과 순종의 리더십

크리스천은 가정과 교회와 일터에서 탁월한 리더로 어떻게 성장하는가? 안개처럼 사라질 인생에서 전능하신 하나님의 사랑받는 상속자로 영원히 거듭나는 것, 이것이 크리스천의 놀라운 축복이고 리더의 출발점이다. 거듭난 리더가 가정과 교회와 일터의 실생활에서 선한 영향력을 미치는 탁월한 리더로 성장하려면, 리더의 네 가지 급소, 곧 관계와 언어, 전략과 성과를 하나님의 은혜 안에서 최대한 활성화해야 한다.

크리스천이 어디에 있든지 탁월한 리더로 성장하는 데 도움이 될 네 가지 실행 모델을 소개했다. 관계와 언어, 전략과 성과의 네 가지 모델이 내게는 다윗의 숨겨진 물매 돌과 같다. 각자의 형편에 따라 잘 익히면, 리더로서 어떤 상황이

든 돌파해 나가는 데 큰 도움이 될 것이다. 이 모델들은 나름대로 이론적 근거가 있으면서 실전에 매우 강한 도구다. 리더 자신이 셀프 코칭을 위해서 사용할 수 있고, 함께하는 동반자들의 발전을 위해서도 활용할 수 있다.

리더십에 관한 수많은 자료가 나와 있고, 계속 나오고 있다. 모두 유익하므로 참조하면 좋다. 그러나 개인적으로는 이 네 가지 모델만큼 상당 기간 경험적으로 검증되었고, 세계 어느 곳에서 누구와 만나더라도 능히 활용할 만한 것은 발견하지 못했다. 특히 아직도 지연, 학연, 혈연에 묶여서 리더십의 시야가 좁은 한국에서 더 적극적으로 활용되기를 바란다.

그러나 이 모델들보다 중요한 것은 당신을 친히 상속자로 거듭나게 하신 하나님의 은혜로 인하여 최상의 기쁨을 누리는 것이고, 리더의 직분을 맡기신 하나님이 새로운 길로 인도하실 때 절대적으로 순종하는 것이다. 최상의 기쁨과 절대 순종은 전능하신 하나님의 상속자 리더가 지닌 모든 힘의 원천이자 실제 삶의 원리다.

지난 20년간 코칭과 리더십 개발에 줄곧 힘써 왔다. 많은 보람과 유익이 있었다. 그러나 돌이켜 볼 때, 가장 놀라운 것은 하나님이 바로 나의 코치이셨다는 점이다. 그것도 실시간으로 모든 것을 살피고 인도하시는 코치이셨다. 보혜사 또는 카운셀러라는 표현을 사용하기도 하지만, 내가 은혜로 경험한 성령 하나님께는 코치라는 호칭이 더 어울린다. 늘 함께하여 가르쳐 주시고 반복되는 실수에도 스스로 설 수 있도록 북돋우시며 전체적으로 도와주신다.

강력한 미래 지향성과 동반자에 따른 창의적인 맞춤형 과정이 코칭의 특징이다. 나의 코치이신 성령 하나님의 인도 아래에서 "이전 것은 지나갔으니 보라 새것이 되었도다"(고후 5:17)라는 선포처럼, 덧없이 지나던 내 안개 인생의 슬픔과 방황은 영원한 상속자 리더의 기쁨과 순종으로 바뀌었다. 41세에 성령과 말씀으로 거듭난 이후, 하나님의 뜻대로 하시도록 나를 맡겨 드린 이후, 징계를 받을 때라도 하나님의 임재를 벗어난 기억이 없다. 나는 "내 형질이 이루어지기 전에 주의 눈이 보셨으며 나를 위하여 정한 날이 하루도 되기 전에 주의 책에 다 기록이 되었나이다"(시 139:16)라는 말씀을 믿는다.

책을 시작하며 리더는 자기 길을 가는 사람이라고 했고, 야구 주자의 예를 들었다. 나는 어느덧 3루 주자의 나이가 되었다. 3루 수비 지역을 핫코너(hot corner)라고 한다. 강하고 불규칙한 타구가 자주 날아가 순간적인 상황이 득점에 연결되는 지역이다. 정신을 가다듬고 나의 본향, 곧 홈 베이스를 바라보며 신발 끈을 다시 조인다. 3루 주자의 심정으로 후속 주자들을 위해 준비한 이 책에서 독자들이 유익을 얻기를 바란다.

사실, 그보다 더 원하는 것은 리더의 짐을 지고 있는 여러분에게 성령 하나님이 친히 코치가 되어 주시는 축복과 은혜가 임하는 것이다.

리더에게는 반드시 고난이 있다. 타인과 함께하는 것, 그리고 내일 일도 모르는데 미래를 향하는 것이 불가능한 미션이기 때문이다. 그러나 하나님의 상속자 리더에게는 결코 세상이 줄 수 없는 압도적인 내면의 기쁨과 절대 순종에서 오는 기이한 능력이 있다. "뱀과 전갈을 밟으며 원수의 모든 능력을 제어할 권능"(눅 10:19)으로 대적을 무찌르는 것보다도 하늘에 이름이 기록된 영원한 상속자 리더가 된 것에 기뻐하는 것이 더 중요하다. 육신의 고난과 슬픔이 덮칠 때도 결코 쇠하지 않는 영원한 기쁨을 지키는 것이 능력이다. 사실 대적은 아무것도 아니다. "누구든지 너와 분쟁을 일으키는 자는 너로 말미암아 패망하리라"(사 54:15)라고 약속하셨으니 하나님께 순종하느냐 안 하느냐가 모든 결과를 결정한다.

하나님은 실패가 없으신 전능하신 코치이시다. 하나님은 여러분 한 사람 한 사람의 모든 형편을 아시고, 강력한 변화와 성장을 통해 탁월한 리더의 삶으로 이끌어 가실 수 있다. 더군다나 우리는 예수님을 통해 승부가 이미 결정된 게임을 하고 있는 것이다. "세상에서는 너희가 환난을 당하나 담대하라 내가 세상을 이기었노라"(요 16:33)라고 선언하셨다. 그러므로 우리는 두려울 것이 없다. 창조주 하나님의 사랑받는 상속자답게 영원한 기쁨의 찬양을 하며, 기꺼이 순종하며, 선한 영향력을 맥시마이즈하는 리더의 길로 함께 나아가기를 소망한다.

감사의 글

이 책을 진행하는 동안 다녀온 여름 몽골 아웃리치에서 광대한 초원의 쌍무지개를 보고 세상의 원근감이 살아난 느낌이었다. 믿음의 지체들과 함께 섬기며 창조주 하나님의 역사를 체험하는 것 자체가 은혜였다.

온누리교회 당회장 이재훈 목사님과 성도님들께 감사를 드린다. 또 이 책을 내는 데 수고해 주신 박태성 경영이사님을 비롯한 두란노 편집진에 감사드린다.

각자 믿음의 가정을 이루어 기쁨을 주는 아들 정기와 딸 수정이에게 격려를 보내고, 은혜와 믿음의 동반자인 사랑하는 나의 아내 경은에게도 감사를 전한다.